人が人のなかで生きてゆくこと

社会をひらく「ケア」の視点から

中西新太郎 著
nakanishi shintaro

発行＝はるか書房　発売＝星雲社

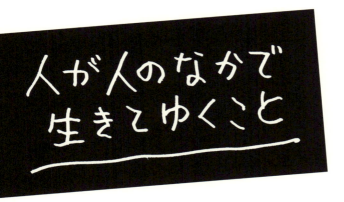

人が人のなかで生きてゆくこと

——社会をひらく「ケア」の視点から

【目　次】

1 はじめに

誰もがせわしなく追いまくられてゆとりがない 10
苦しくても立ち止まれない社会 14
普通に生きてゆける社会が欲しい 17

2 がんばらない人間は生きる資格がない？
――努力・能力・自尊心を考える

能力を伸ばせば生きづらさは消える？ 21
「できるようになる」ことの意味 25
絶対に弱みを見せたくない！ 32
人間の価値に優劣をつけさせるしくみ 35
「ポジティブに生きなさい」 38
すり減らされる自尊心 40

3 他者とうまくすれちがえる技をみがく

マニュアル型応答の力　44
誰もが「コミュ障」を恐れる社会　48
つきあい方をあらかじめ管理する社会の怖さ　51
他者との出会いが孕む緊張と暴力の誘惑　58

4 ケア的かかわりの広がりと養育・教育の位置

相手を配慮し支え合うかかわりとしてのケア関係の立脚点　63
ケアの限界を自覚する　68
「普通」をケアする　72
教育・養育の専門性とは　80

5 子どもの生きる場をとらえ直す

学校中心主義が見失うもの 85
ケア的かかわりが出現する場 92
多様な場・多様な人・多様なモノサシが支えている人間の生 97
スーパー養育者・教育者でなくてよい 105
「経験を積む」とはどういうことか 111

6 つたえる・解決する・見守る

「大事なことだから黙って聞いて」 118
ことがらに出会わせる 122
人を通して知る・わかる 129
問題を解決できないとダメ?· 135
「見守る」ことの豊かな意味 139

7 普通でいられる「社会」をつくる
「がんばらずに生きたい」という夢 148
「でもね……」と自分自身に囁いてみる 156
「そばにいる誰か」であること 162
相手なしには成り立たないコミュニケーション 168

8 人がたがいに出会える「場」の秘密
思わず口を出してしまう状況とは 174
——介入・コミットできる場はどう現れるか
コンタクトゾーンの特徴を考える 179
たがいに動けるように場をひらく 185

9 ケア的かかわりの場に不可欠な民主主義

安心距離の民主主義　192
力に差がある人間同士が平等にかかわりあえるためには　198
「それはちがう」と言い合える社会を　209

あとがき　218

人が人のなかで生きてゆくこと

——社会をひらく「ケア」の視点から

1

はじめに

誰もがせわしなく追いまくられてゆとりがない

職場でも学校でも、そしてひょっとすると家庭でも、誰かの失敗や不満やグチに接するとき、いま日本の社会では、「みんなキツイんだよ、キツイのが当たり前だろ」という感じ方が普通になっていないでしょうか？

たとえば、頼んでいた仕事がなかなかはかどらない同僚に、面と向かって言わぬまでも、「もう少し要領よくやってよ」とか、「予定は前からわかっているのだから、前もって準備しておけばよかったのに」とか、内心でつぶやくような経験はきっとあるはずです。誰もが追いまくられ、落ち着いて話を聞く暇もない職場では、ヘマばかりする同僚が抱えているかもしれない事情、た

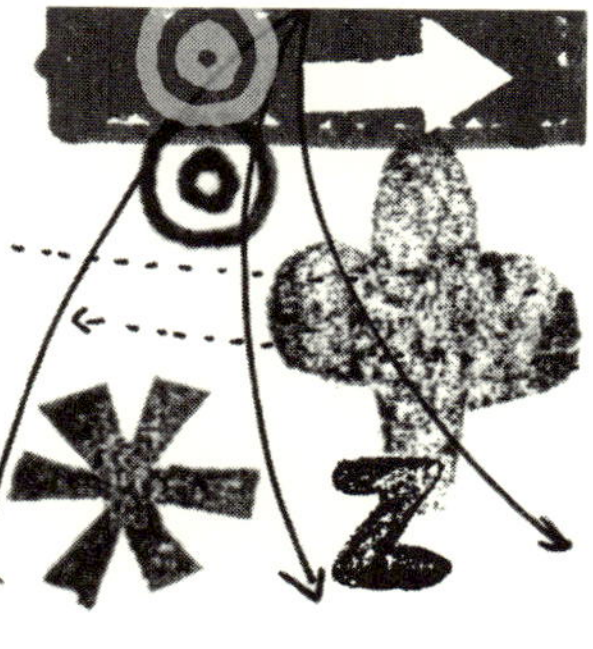

とえば、子どもが熱を出して昨夜まったく寝られなかった等々のせっぱ詰まった状態には想像が及びにくいでしょう。そもそもそうした事情を斟酌することがもう、「甘さ」だと判断されてしまい、そうやって「甘やかす」ことがおかしいと感じることすらあります。最近の、「保育所が足りない」という悩みや、「保活」に走る親たちに対して、「子どもを産んでしまってから保育所がないと騒ぐのは自己管理が足りないからだ」と切り捨ててしまうような感じ方は、その恰好の例です。ベビーシッターに預けた子どもが亡くなった悲しい事件についても、母親の無責任を責める声があがったといいます。お金もゆとりも十分な子育て家庭ばかりではない事実にも、母親がそれぞれに抱えているかもしれない具体的な事情にも、心が向かないのです。

　同じこの瞬間を生きている「隣人」のことを思いやれないのはおかしい、配慮が足りない、と言うのは簡単です。ですが、なぜそうなってしまうかを考えてみなければと思います。そうやって相手を責める人自身が追いまくられているからです。人員がぎりぎりまでしぼられた職場、パートやアルバイト労働者なしではやってゆけない職場（コンビニ、フランチャイズチェーンの飲食店はその典型ですね）で誰かが休み、シフトを崩されたら、それだけ苦しい目にあうのが自分だから、「ふざけるな！」と怒りを感じてしまう、そんな事情にも思いを及ぼさなければ、「配慮が足りない」と責め合うばかりのぎすぎすした社会になるだけです。

　学校現場、保育の現場、介護現場のような、人にかかわる仕事の場に広まっているゆとりなさもまったく同じです。責任は重いし、何かアクシデントがあれば非難の矢面に立たされる仕事なのに、おたがいゆっくりと話し合う時間もない。それどころか、たとえば学校現場では、教員評価が導入され、職員会議も管理職の命令をつたえる上意下達の場に変質させられていることなどからわかるように、教育について分け隔てなく意思疎通を図ることも困難になっています。保育の現場では、そもそも人手が十分でないうえに、雇用形態も勤務時間帯もちがう保育者が働いているため、集まって相談する時間も満足にとれない実状があります。いちいち細かい気遣いをしていては身体も心も保たない現実があることを無視して、「配慮のなさ」を責めても問題は解決できないのです。

毎日の生活にゆとりがないのは大人だけではありません。子どもたちもまた、精神的に追い立てられる日常を送っています。「ゆとり教育」のせいで学力が低下した、もっとしっかり勉強させるべきだ……といった主張が二一世紀に入って強調されるようになり、子どもたちが放任され、自由な時間を謳歌しているかのように語られます。はたして、それは本当でしょうか？

「勉強が面白くない」と感じているのは事実かもしれません。一〇年、二〇年という長い期間をつうじて見ると、子どもたちの勉強時間はだんだんと減っていて、よく勉強する子と勉強しない子との二極化も進行しているようです。他方ではまた、インターネットの普及とともに、学校に縛られず遊ぶ手段や機会はますます増えているように見えます。高校生ではスマホを使いＬＩＮＥでつながるのが当たり前、小中学生でも「思春期」になれば、自分の興味に合う学校外の世界を見つけ、友だちの輪を広げることが簡単にできてしまう。ＬＩＮＥで勉強を教え合うつなが

り も当たり前になっているようです。「毎日の勉強に追われ余裕がない」という競争的なイメージで子どもたちの生活を想像すると、現実はちょっとちがうと言うべきでしょう。*でも、だからといって、子どもたちの毎日がのんびりと落ち着いていると思うのはまちがいです。理由はそれぞれにちがっていても、現代日本の子どもたちは大変に忙しいのではないでしょうか。友だちと遊ぶのにもスケジュールあわせが必要なことが珍しくありません。ちょっとLINEを放っておいたら数百のメッセージがたまっていた、という例もあります。生活のためにバイトのシフトがびっしりという高校生だっています。

また、物理的に忙しいだけではなく、心理的にも、友だちづきあいのいろいろな配慮をしっかりはたらかせなくてはなりません。その場や役割に応じて要求されることをこなして当たり前、ぼぉーっとしていようものなら、「無視しやがって」とか、「不気味でキモい」などと言われかねないのです。客観的に見て、ゆとりがあるとはとても言えない日常を過ごしているのが実態ではないでしょうか。子どもたちの過ごす日常によく目を凝らしてみると、現れ方や手段にちがいが

＊ スマホ所持が八〜九割に達した高校生のスマホ利用時間は女子で一日一八八分というデータもあります（総務省情報通信政策研究所「高校生のスマートフォン・アプリ利用とネット依存傾向に関する調査」二〇一四年）。もちろん、利用時間が長いから、それだけ勉強もしない、つきあいも少ないと単純に考えてはいけません。「ながらスマホ」も普通、スマホをつうじての友だちづきあいが数十人、数百人に及ぶのも普通です。

あるとはいえ、大人の社会がとらわれているゆとりなさ、せわしなさと同様の現実が広がっているとわかるでしょう。

苦しくても立ち止まれない社会

大人も子どもも、どうしてこれほどまでにゆとりがないのか、毎日、普通に生きるためにさえ必死に走り続け、たくさんの「課題」をクリアしなくてはダメなのか。そんな状態を「当たり前」と思わなければいけないのか。

これは、働き方、子どもの育て方が大きく変化してきたのはなぜ、という問いです。昔からそうだった（たとえば「貧乏暇なし」という言葉があるように）面があるとはいえ、現在の社会環境が私たちの生活全般からゆとりを失わせている元凶だ――私はそう考えています。

最近ようやく社会問題とされるようになった大学生のシューカツを例にとってみましょう。非人間的と言っておかしくない（シューカツが自分を見直すきっかけになったといった肯定的評価もありますが、それは結果的にうまくいった場合に限られています）現在のようなシューカツが広がったのは一九九〇年代末、学卒者の就職難がつたえられ、企業の「即戦力」要求が強まった時期のことです。「グローバル競争に打ち勝つ優秀な人材が必要だ」という主張（宣伝）がさかんに行われはじめ、教育の世界でもそのための「改革」がすすめられました。要するに、「これからの時代（「それって何？」というツッコミを入れたいところですが、それはひとまず後回しにして）に見合う能力を見せろ」と求められるようになった――これがシューカツの変化です。「もし自分がいま大学生だったら、たぶん就職できないだろう」と企業の人事担当者が漏らすほど苛酷な要求が現在の学生たちに向けられているのです。

シューカツに起きた変化は特殊な事例ではありません。職場でも、「グローバル時代」の変化に柔軟に対応できる「能力」が求められ、一人ひとりが個別に評価される「成果」をあげるよう要求されました。「そもそも一生会社に勤め続けられると考えるほうがまちがいなのだ」と主張する「経済学者」がいるくらいで、実際、「グローバル競争」が叫ばれる二一世紀には非正規労働者の数が激増してゆきました。公立保育所のおおよそ半数が非正規の保育士で占められ、小学校から大学まで非常勤教員なしでは学校運営が成り立たない現実があるなど、いまや民間、公立を問わず、非正規の働き方が「当たり前」になっています。非正規だから仕事がラクということはまったくなく、アルバイト学生さえ不払い労働が「当たり前」といった無法がまかり通る状態も横行しているのです。*

* 近年ようやく「ブラックバイト」の実態があきらかにされはじめ、学生自身が追及しはじめていますが、無法が当たり前の現実は続いています。時給計算を一五分単位、三〇分単位と違法に計算する賃金不払い、自社製品を買わせる自爆営業など、ひどい事例は大学生ならば周囲にいくらでもあるはずです。

このように、「グローバル競争に負けるな」とか、「社会人基礎力を身につけなくては」といった煽り文句、「将来を見すえてきちんと準備しなければフリーターになってしまうぞ」、「ニートになりやすいのはこんな人」といった脅し文句が、私たちを不安に駆り立て、必死に努力して走り続けさせていることはよくわかると思います。

なにやらうさん臭い商品宣伝を思わせるこれらの「政策言語」（政策の「正しさ」を納得させるための宣伝文句）が厄介なのは、「そんな宣伝には乗るものか」とそっぽを向かせない「強制力」があるからです。みんなが追い立てられるように振る舞うなかで一人超然としているのは勇気がいるだけでなく、実害に耐えるだけの力も必要です。コツコツ仕事ができても周囲を気遣うことがないと判断されれば、「使えないヤツ」と非難されるかもしれない。それぞれが一杯いっぱいで日々の課業をこなしているとき、さらに負担がかぶさるのは困るから、お荷物になりそうな厄介事や「困った人」には近づかない。「お人好し」とも「残念な人」とも思われぬよう絶対に隙を見せない――そんな振る舞い方が、大人の世界でも子どもの世界でもきびしく要求され、それがわかっているから、「こんなに追いまくられる生活はおかしい、嫌だ」と感じても、自分だけそこから外れることは難しいのです。

苦しいと思っても立ち止まれない、そんな状態の極限的な例が過労死です。月の残業時間が八〇時間を超え、一〇〇時間以上にも及ぶ「過労死職場」で、それでもがんばろうとすると、異常な働き方に自分で歯止めをかけられなくなります。たんに働き方がおかしいというだけではすまず、「この状態は変だ」と考える判断力、思考力も奪われてしまうのです。疲労のあまり一種の洗脳状態に追いこまれると言ってよいでしょう。カルト団体の勧誘法で、何日も勧誘対象者を閉じこめ疲弊させて普段の思考力を麻痺させるのと同じです。「グローバル時代」の企業が、労働者を思いどおりに働かせる、あるいは首を切ろうとするときに、意図的にそうしたやり方を採用しはじめたことは見過ごせません。* 「追いまくられてつらい」と感じる余裕もないほどに追いまくろうという手法です。その罠にはまると、「みんなキツイんだよ、キツイのが当たり前だろ」という、冒頭で述べた感じ方にみんなが閉じこめられてゆきます。

普通に生きてゆける社会が欲しい

「何でこれほどゆとりなく生きなくてはダメなのだろう?」(「どうしてこんなシューカツをしなくてはいけないのだろう」「フリーターになったら、なぜダメなのだろう」という具合に、この問いは、生活のさまざまな場面でぽこぽこと発生しているはずです)という疑問を忘れさせるカルト的な手法が用いられるのは、この疑問が「グローバル競争を勝ち抜け」云々とハッパをか

＊　ブラック企業と呼ばれている企業のやり方がそうですが、問題はブラック企業だけにとどまりません。誰でも知っている大企業が、リストラ部屋と呼ばれる場所に社員を閉じこめ、音をあげて退職するまで追いこむやり方が社会問題になったのは周知のとおりです。

ける政財界の指導者層にとって、とても危険だからです。もしもこの疑問をみなが共有したなら、いまのやり方では働かない、暮らさない、勉強しない……という社会的な合意が、予想外にはっきりとつくられるかもしれません。それは困るから、グローバル競争という環境が変えようのない現実だと認めさせ、そうでない生き方や社会のつくり方をあきらめさせなければならない。「こんな毎日はおかしいな、嫌だな」と疑問を持たれるのが、いまの社会を取り仕切る支配層にとって危険なのは、その疑問がこの社会のおかしさ、矛盾を、たとえ感覚的にでも、的確に探り当てているからです。

しかし、判断力を麻痺させるカルト的手法をもってしても、落ち着いて物事を考えるゆとりのない状態に人を追いこむやり方には限界があります。過労死に追いこむほどの働かせ方を、「これも貴重な試練なのだ」と納得させようとしても、それにはついてゆけない感じ方がどうしても生まれてしまいます。「グローバル人材になれ」と子どもたちのお尻を叩く教育法が、皮肉なことに、「将来の夢なんかない」ときっぱり断言する少年少女をしっかり広げるという具合に。

「あなた自身のためだから」という理屈で「走り続ける人生」を強いられ、何のために生きているんだろうと疑問を感じるのは自然です。わけ知り顔に「これからの時代はね……」と「がんばること」を要求する大人たちの「世知」は、実は、いかがわしいと感じる。なぜなら、「どうしてそういう時代なのか」を納得させるだけの思慮（時代認識や思想と言ってよいでしょう）が欠けているからです。

よく考えるといかがわしいそんな「世知」の一例に、たとえば、私が大学教員であった最後の十数年に、奇妙な煽り文句が大学指導部の口癖になっていたことを思い出します。「大学間競争のきびしい時代に打ち勝つためにわが大学は……」云々というものです。たしかに就学人口が減って「大学に来てもらう」努力が必要だという事情はわかりますが、だからといって、「大学間の競争に勝つ」という市場競争のイメージで大学を考えてよいのか、すぐにわかるはずです。学生ならあちこちの大学に友人がいるでしょうし、教員もそうです。他大学を打倒の対象のごとく扱う競争感覚や「時代認識」にはまったくついてゆけません。普通にものを考えることのできる人間なら、「大学間競争に勝ち抜け」と大まじめに唱える発想が不思議でならないはずです。たがいに刺激しあってよい結果を出すことと、「相手を負かして競争に勝つ」こととはちがいます。そんな当たり前のこともわからずに「競争の時代」を平気で口にする人たちに激しい怒りを覚えずにはいられません。

私たちがいったんそうした競争の論理にとらわれると、その結果はみじめです。打倒とまで考えていなくても、「自分が負けないように」と感じたとたん、振り落とされないための競争にわが身を委ねることになる。つまり、もう立ち止まれない。「おかしい」と考えたらやってゆけない心理状態に追いこまれるでしょう。「おかしい」と感じる自分自身の感情を抑えつけてしまう自縄自縛に陥るのです。

この異常な状況をどうすれば変えられるのか、「ともに生きる」人間同士の普通のあり方を豊かにするために何が大切なのか――それを考えるのがこの本の目的です。身体を壊してまでがんばりぬけと要求するような社会は、誰だっておかしいと感じるはず。たとえそうストレートに言えないにせよ、「おかしいぞ」という感じ方は普通にあると言えます。

社会全体は簡単に動かせないと思っていても、たがいに安心して「かかわりあえる」ための知恵やわざ（アート）を知り、編み出し、つたえるいとなみは、子育て・教育・養介護はもちろん、およそ人間関係を築くあらゆる場面で必須であり、現に発揮されてもいます。そうしなければやってゆけないぎりぎりの生活のなかに、人がたがいに支え合うための貴重で豊かな視点とやり方とが隠されているかもしれません。それらを探り当て、「キツイのが当たり前」ではなく、「もう少し別のやり方で、普通に生きてゆけるし、つきあえるはずだよね」と確認しあえるみちすじと方法とを一緒に考えてみたいと思います。

これからの章で扱うことがらは広い意味での教育や子育て、あるいはケアという領域にかかわるものですが、「子どもをどのように育てるか、教育するか」といった狭い限定をあえて設けていません。子ども、大人を問わず、「人が人のなかで生きてゆくこと」にとって何が大切か、どんな問題を考える必要があるのかを検討します。ともに生きるためのケア（他者への対し方と配慮、とりわけ振る舞いに具体化されるそれらを指します）は、人が人とともにあるもっとも基本的な次元ではたらくもので、年齢や地位や職業や性別や国籍……のちがいに応じたケアのもう一段根源にあるものだからです。

2

がんばらない人間は生きる資格がない？
——努力・能力・自尊心を考える

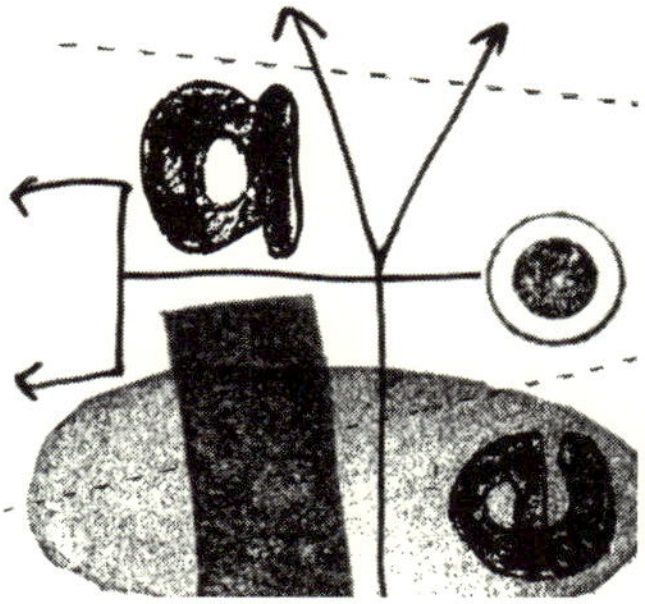

能力を伸ばせば生きづらさは消える？

「きびしい競争社会の現実を生き抜くためには、そのきびしさを突破するだけの力をつけなければダメ」——若い世代に対し、そんなふうに言い聞かせる大人は珍しくないでしょう。「フリーターになったら損するばかりだから、正社員で働けるよう進路意識を持ってしっかり準備するように」と教えるキャリア教育にしても、やはり同じことを要求しています。「きびしい社会環境に負けぬよう、一人ひとりが能力をつけよう」と呼びかけているのですから。でも、人生の将来に向けたこの目標設定ではかえって見失われてしまう重要な点があると思います。それは何か、ともに生きるためのケアを考える前提として見ておきます。

もちろん、いまの社会で、「能力をつけさせたい・つけたい」という気持ちが生まれるのは当然で、それをただ非難するつもりはありません。たとえば、いま、幼児のときから英語を習わせたいと多くの親が望んでいます。そうしなければ「グローバル時代」に生きるわが子が困るのではないかという不安があるからでしょう。将来の生活や仕事のことを思うと、わが子にできるだけ力をつけてやりたいと親が感じるのは無理もないと思います。前節で触れたように、「社会が要求する能力を身につけなければ落ちこぼれるぞ」という宣伝や圧力が強いなかで、「問題なく成長してくれるか」「学校教育についてゆけるか」「わが子はきびしい環境に耐えられるか」、そして「そんなたくさんの困難に親である私は適切に対処できるだろうか」……と、不安がつのるのは当然のこと。「心配しないで」と口で言うだけで安心してもらえるはずもなく、「過保護です」と責めても、不安の根っこは解消されません。

そこで、ぜひ一緒に考えてもらいたいのは、「困難に負けない力、能力をつけてやれば、それで大丈夫なのだろうか」ということです。また、安易に「しっかり能力をつけなくてはね」と言ってしまうことが持つ危険についても想像してほしいのです。能力を身につけろと言われたって、そのための条件や機会に恵まれない子どもたちには空しく聞こえるばかりです。子どもの生育環境や教育機会に格差が広がっている現在の日本社会では、能力を身につけるだけの経済力、家庭・文化環境を奪われた子どもたちが膨大に存在します。子どもの貧困が叫ばれて以来一〇年近くが経ちますが、経済的困窮が学業、成長の困難をもたらす深刻な状況は深まるばかりです。*その現実を無視して「能力を」と唱えるのは、「能力を身につける余裕のある者だけを相手にするぞ」と宣言するのと同じです。

もう一つ考えてみたいこと。

正社員になれるようがんばって能力をみがいたとしましょう。そのようにみんながんばれば全員正社員になれるかというと、そんなことはありません。人件費削減のために正規雇用の比率を下げ非正規雇用を増やす方針を企業、財界がとっているかぎり、「努力すれば正社員になれる」という主張は、全体として見るとまちがいなのです。誰かががんばって正社員になれたとしても、社会全体では必ず、非正規で働く労働者が出るわけですから、努力するかしないかで正社員になれる、なれないが決まるとは言えません。「努力すれば報われる」と言うけれど、努力の度合いを測れるメーターがあったとして、「これだけの努力をすれば正社員になれる」と保証されているでしょうか。そんなことはないのが現実です。逆に、正社員になれたから（シューカツで内定がとれた等々も同じからくりです）「それだけの努力をした」、なれない場合には「努力が足りな

＊ 子どもの貧困率は政府発表で一六％を超え、学業の困難だけでなく、社会から居場所を奪われた膨大な子どもたちが生まれています。住民票から消され、居所すらわからない児童が、二〇一三年、九四〇名に上るという指摘もあります。石川結貴『ルポ居所不明児童』ちくま新書、二〇一五年。

かった」と、結果次第で判断されてしまうのが実態ではないでしょうか*。

二一世紀に入ってからずっと非正規雇用が増え続けている事実（一五～二四歳男性労働者の非正規割合は二〇〇一年以降四〇%を超え、女性労働者では二〇〇三年以降五〇%を超えています）は、何を示しているのでしょうか？

「努力しない、能力を身につけない者が増えたのだ」と主張できる人は、おそらくいないと思います。「能力を身につければ正社員になれる」という因果関係が、実は成り立たないことはあきらかです。なぜ成り立たないかは簡単で、どんな能力をどのように認め（測り）、どのように扱う（処遇する）かは、能力の性質によってあらかじめ決まっているのではなく、社会のなかで決められるものだからです。「能力を身につければ困難を克服できる」という言い方は、したがって、「社会が認めてくれ、処遇を保障してくれるような能力を身につければ困難を克服できる」と翻訳すべきでしょう。肝心なのは、「社会が認め、処遇を保障してくれる」という条件ということになります。

ところが、どうすればこの条件をクリアできるかが、多くの場合、はっきりしていません。司法試験や医師免許のように、難関の試験を突破して資格を取得すれば確実に安定した処遇を得られる例は少数です。介護資格や保育士資格のように、努力して資格を得ても、安心して将来を見通せるとは言えない処遇条件の職種もあります。神経を使い、体力を目一杯必要とする仕事なのに、処遇はまったく低いという仕事もたくさんあります。この最後の場合、すぐれた体力を努力して身につけたとしても、それが社会的に認められた処遇につながっていないことは明確です。「これなら大丈夫」という保障がこのように曖昧だからこそ、「がんばって能力を認めてもらわなくては」という心理、動機が生まれます。決して安心させてはいけない、「もっとがんばろう」と思わせ続けるところに、「努力すれば報われる」という言葉の隠されたはたらきがありそうです。つまり、ここでも「立ち止まれない」心理がつくられているのです。

「できるようになる」ことの意味

以上に述べたことを、「能力を身につけるのは意味がない」という主張だと誤解しないでください。何かが「できるようになる」喜びは、人が生きてゆくうえで意義ある、大切な経験です。それを否定すべきではないし、できることを見つけ増やし大切にするはたらきかけは、子育てや教育の場面でも望ましいことにちがいありません。「できるようになること」も、そしてそのための訓練も、それぞれの人が、その人に応じて、生きてゆくうえでの手がかりを豊かにつくりだ

＊　なお最近では、非正規雇用のパート労働者などを「努力次第で」正規社員に移行させる企業が出てきて、これは「努力すれば報われる」ケースだと思うかもしれません。しかし、正社員としての待遇に注意してください。人件費削減という大きな目標・縛りがあるなかでは、正社員の待遇も切り下げられる傾向にあり、正社員になれば生活の保障が得られるという想定が成り立たなくなっています。

す手段や機会となりうるのです。

　ある人ができることの中身、豊かさは周囲の環境とのかかわりに応じてちがう点に注意してください。たとえ病気で言葉がしゃべれない状態にある人でも、たとえば手を握ることはできる。手を握り合うことでつうじる感情の交流というものもある。「しゃべることができない」という「能力欠如」だけに目を奪われると、握り合う手と手との接触で「できること」に気づかなくなります。「できること」の豊かさはそんなふうに、人と人のあいだに広がっています。ご飯を食べると、お米を研いだ回数まで正確にわかるほど臭覚の鋭敏な人*にとっては、食べることのできないものがたくさんあります。感覚の鋭敏さ（という能力）が、食べられないという「できないこと」に現れているのです。

　「できること」と「できないこと」のそうした複雑で豊かな関係を単純化して、いま社会に認められる能力だけを個人に身につけさせようとするのは危険です。なぜなら、そうしたやり方は「できること」を個人的な能力に限ってしまい、「できる人」「できない人」という区分（分断）を絶対化してしまうからです。

　『カゲロウデイズ』という物語（じん（自然の敵P）作、KCG文庫、二〇一二年）に登場する主人公たちの一人「キド」は、透明人間のように目立たず、誰にも気づかれない（超）「能力」を持っています。キドはこの力を使って、どんな状況でも目立ってしまう（超）「能力」を持ったアイドル少女が目立たず行動できるようにします。このエピソードが面白いのは、「目立たず他人から無視される」という「ぼっち」の状態、いじめの対象となるマイナスの性質を逆転させているところです。「誰からも見てもらえず無視される状況のつらさは、あなたの能力のなさ（他人とうまくコンタクトがとれないという）ではないんだ」というメッセージが、このエピソードにはひそんでいます。実際、誰からも注意を払われない「平凡さ」が探偵の資質だと言われるように、マイナスに思えるような「力」だって役に立つ場合がありえます。

以上からわかるように、「できる」「できない」を、いま社会で通用するモノサシにしたがって選り分け、そこから一人ひとりをどんな「能力」の持ち主かと判定し、優劣までも決めてしまうのは、近視眼的な態度と言うべきです。そうしたやり方では、たくさんの「できないこと」を仲立ちにしながら「できること」の世界が広がってゆく、人間の（個人のではなく人間たちの）力の豊かさは決してつかむことができないでしょう。

「困難にへこたれず、自分の目標を達成できるようがんばろう」という励ましは、学校でも家庭でも、大人が子どもにつたえる常套文句です。この励ましは、こうしたい、こうなりたいとい

＊ ニキリンコ・藤家寛子『自閉っ子、こういう風にできてます！』（花風社、二〇〇四年）に紹介されている例です。障がいを持つ人が驚異的な感覚の鋭敏さを持っているために「できない」こと、生活しづらいことが出てくる例は、綾屋紗月・熊谷晋一郎『発達障害当事者研究』（医学書院、二〇〇八年）でも、くわしく述べられています。

う「自分の目標」が子どもにあることが前提になっていますが、その点を考えるのは後回しにして、ここでは、「困難にめげずがんばる力」について見てゆきます。「最近の若者は耐性がない」といった悪口でよく持ち出される「耐性」も、打たれ強く困難をものともしない性質ですから、同様の「力」と言えるでしょう。そういう「がまん強さ・がんばる力」が、いまの子ども・若者に欠けているという非難がよく聞かれますが、はたしてそうなのでしょうか。

「がんばれ」と励まされたことが大きな力になり、勇気が出た、といった体験談はよく聞かれるし、実際そんな経験を持っている人もいると思います。しかしまた、「二四時間三六五日がんばり続けろ」と社員に要求する和民渡邊会長（元）が飛ばす檄には、「そんなこと言われてもムチャ」と感じる人が多いはずです。「がんばれ」という言葉は同じでも、受けとめ方にちがいが出てくるのはなぜなのか？

「がんばれ」という励ましに勇気が出るのは、「あなたのことを気にかけて見ているよ」と励ます人の存在、気持ちがつたわるからではないでしょうか。

しなければいけない作業が山積みになっていて、それを全部やりきってしまわなくてはと焦り、追いつめられているときに、「そんなに無理しなくても大丈夫」と誰かが言ってくれる逆の場合を想像しましょう。「がんばらなくていいんだ」と肩の荷を降ろしてくれるこの「励まし」もまた、そう言ってくれる人の存在そのものが、追いつめられた当人を安心させるのです。逆方向に見える励ましですが、本人が抱えている状況を「すぐそばで見守っているよ」というメッセージである点で、同じはたらきをしています。「勇気づける」あるいは「安心してもらう」励ましです。どちらも、「がんばる」中身や「がんばらない」中身が直接に問題とされ指示されているのではありません。どうがんばるか、がんばらないかを本人が見つめ直す足場を築く言葉と言うことができそうです。

どうがんばるか、無理しないかを具体的につたえる場合はないのか、という疑問があるかもしれません。

ぶつかっている困難（課題）を解決するための具体的なサポートは当然あるし、必要です。ただし、それらは「がんばる」（「無理しない」）という言葉でまとめてしまわないほうがよいのです。特定の病を抱えた患者に医者が「無理しないでね」という言葉だけですますことはないでしょう。スポーツ指導者であれば、その競技の専門家として、「がんばれ」という言葉を使わず、具体的にこの技術が足りないからこういう練習をしようという指示ができなければなりません。たとえば、もうちょっとで勝つ試合を逆転されたとき、「根性が足りない」と怒鳴るのと、試合終盤に集中力を切らさぬための練習を具体的に重ねさせるのとでは、指導力のちがいは歴然としています。うまくできずに自分自身ががっかりしている、あるいは、責められはしないかと身構えている人に、「お前はダメな人間だ、使えない」と烙印を押す指導者、専門家、上司……は、具体的なサポートができないことを自ら証明しているにすぎません。「何をどのようにするか」を具体的につたえられることは、その役割、責任を持つ大人にとって重要なことですが、それを

「がんばれ」といった精神論ととりちがえるべきではないのです。

「がんばること」を要求する励ましは、時として、「こんなにも自分は励ましているのだから」と、自分の思い入れや気遣いの強さだけを正当化する錯覚に導きます。この自己欺瞞が怖いのは、「これだけ相手のことを考えているのに、どうして応えてくれないのか」という不信感に陥る点にもありますが、問題はそれにとどまりません。期待どおり相手が「がんばってくれている」場合でも、「これだけ励ましてくれる人の期待にそわなければまずい」と感じている可能性がありますそして、おたがいのそんな関係がわからないのです。励まし、それに応える関係は問題があるようには見えないからです。

自分の利益になるかどうかではなく、「誰かのために」と考えることは、すばらしい特徴にちがいありません。しかし、励ます側が「あなたのことを思って言ってあげてるんだからね」と言うのは、押しつけがましい。「オレを男にしてくれ」というマッチョなセリフになると、いつのまにか、「お前たちのことを考えてやれるオレはえらい」という自画自賛に話が逆転しています。一戦うのは選手ですから、がんばった選手をほめてください」という監督とはまるでちがいます。

「相手の期待を裏切らないようがんばる」姿勢は、とりあえず立派と思うし、文句のつけようがないので、「よくがんばったね」とほめるでしょう。「その調子で算数もがんばろうね」と加えたりすることもありそうです。成績が気になりだす小学校中学年くらいの家庭で見られる光景です。ほほえましい会話に見えますが、少し踏みこんで考えてみましょう。ほめることの難しさについて。

このようにほめることは、「あなたのことをちゃんと見守っているからね」というメッセージですから、それは子どもにとってうれしいはずです。いくらがんばったつもりでも、まちがえたところばかり点検される場合とくらべれば大きなちがいでしょう。ただし、「よくがんばったね」とほめるのは、「がんばったからえらい」という条件つきのほめ方にもなってしまう点が要注意です。うっかりすると、「あなたががんばったかどうかを私は見逃さずに判断しているの」と、評価者としての大人を意識させることになります。「あなたのがんばりを評価する（できる）のは私だけ」という思いこみは、監視する者とされる者の関係を生みかねず、それでは逆効果です。まったくそんなつもりがなくても、「がんばって結果を出さないと見放されてしまう」という恐怖や不安を与えてしまうかもしれません。

つけ加えておくと、いつでも足りないところに眼がいってしまう感情にはそれなりの理由があります。理由があれば許せるわけではないのですが。「この子の力ならもっとできるはずだ」という期待がその一つ。子どものことを思っているようで、実は当人には迷惑かもしれません。

また、それよりもたちが悪いのは、「もっとできると思っている私の期待水準を下げるわけにはゆかない」という期待の仕方が、「足りないところ探し」に追いやるケースです。子どもへの評価が自分への評価につながって一体化してしまうとき、そんな事態が生まれます。母子関係でしばしば生じるそうした一体化は、「子どもをきちんと育てるのは母親の責任だ」という世間の見方に大いに責任があります。周囲のそうした強い圧力を受ける母親は、子どもの「でき具合」を自分への評価として受けとるしかない状態に追いこまれるからです。

子どもが失敗すれば、「あなたの育て方がまちがっていた」と一斉に責める社会——これは日本の現実です。子どもの失敗は親の失敗、親失格を意味するという常識がまかり通る日本社会では、開き直る以外、「きちんとした親」でいることから逃れるすべがないのです——では、ダメな部分をいちはやく見つけて対処させる「マイナスの眼鏡」をかけるのが当たり前になってゆきます。当たり前なので、そんな眼鏡をかけていることに気づかないどころか、マイナスの眼鏡で子どもたちを見ていない人が、まるで子育てに怠慢であるかのように感じられてしまう。それはマイナスの眼鏡をかけているために起きる錯覚と言えます。

絶対に弱みを見せたくない！

「よくがんばったね」というほめ言葉が、「がんばった結果をきちんと出せるあなたはえらい」という条件つき評価にすり替わってゆくとき、そうした評価の場に立たされた人は、「がんばれない」心境や事情、「がんばってもダメな自分」をどうやって隠すか、見せないようにするかを考えずにはいられません。「いつも見守っているよ」というメッセージがしっかりつたわっていればいるほど、ダメなところを見せてはいけないというプレッシャーも強くなるので、「見守られている」のか監視されているのかわからない気持ちになるかもしれません。思春期に入った子どもたちが、親の関心や心配をうっとうしいと感じ、お節介と反発するのも、見守ることが監視へとすり替わってゆく微妙な変化をとらえているのかもしれません。

さて、このように、「がんばってよい結果を出す私のことを見ていてくれる」という受けとめ方ができあがると、相手の暗黙の期待に応えるためには、その期待にそえない部分、自分の弱みは見せないでおこうと思い、実際に見せない振る舞い方が育ってゆきます。親の期待に応えていつも「よい子」の自分を見せる関係が、その典型的なすがたとして問題にされ、親の過剰期待が槍玉にあげられてきました。いわゆる「お受験」に走る親のすがたは、そのわかりやすい実例です。

もちろん、「お受験」に参加する層は、子育て家庭全体からすればごく一部にすぎません。けれど、幼児を特別に鍛える子育てのモデルが頂点にすわるとき、そこまでは望めなくても、小さいときからできるだけ能力を伸ばしてやろう（開発しよう）という気持ちは当然に感じられます。さまざまな英才教育の宣伝に心が揺れ、「のびのび育てよう」という気持ちが、「失敗しないように」「子どもが落ちこぼれたりしないように」という緊張感へといつしか変わっていっても不思議ではありません。小学校に行き、学年が上がるにつれ、そうしたプレッシャーはだんだん強くなってゆきます。「弱みを見せずに生きる」よう強いる圧力は、「お受験」の世界よりもずっと広い範囲ではたらいており、子どもたちの世界にも、大人同士の関係でも、人間関係全般にゆきわたっているように感じます。いまの日本社会は、いうなれば、「たがいに自分の弱みを絶対見せないようにつきあう（そうすべき）社会」なのです。

そんな社会になっている大もとの理由ははっきりしています。「何ができるか、できたのか」を一番の基準にして、その人の全体（人間）を評価するやり方が徹底しているからです。できる・できないという基準は、「使える」「使えない」という基準と同じ意味で用いられ、これまで述べてきた、できないこととできることとの複雑で豊かなつながりは無視され、「よい結果をあげるようがんばる」姿勢にだけ焦点を当てます。さらに、このやり方がもたらすもう一つの問題は、「できる・できない」というモノサシで測られた優劣や順位が、そのまま人間の優劣に直結していることです。普通に考えるなら、あることができなくても別に人間的にダメとは判定されないはず。私が後方宙返り三回転ひねりの体操技ができなくても、だからどうということもありません。ところが、そうならずに、人間としてのいたらなさ、ダメさかげんと直結する「できる・できない」（「使える・使えない」）基準が通用してしまうところに問題があり、怖さがあります。

たとえば、ＫＹというレッテルはその一例でした。「空気が読めないからといって、だからどうよ」と平気ではいられない。ＫＹは人間として恥ずかしい、つきあいきれない存在という了解が成り立っているからです。ＫＹにかぎらず、若者のあいだでの相互評価には、人間評価にすぐさまつながってしまうモノサシがたくさんあります。そうなる背景は以下で述べますが、ともかく、いまの日本社会では、当たり前のように、「人間としてのでき具合」がいちいち判定され、優劣がつけられています。それぞれの性格や特徴はちがっても人間はみな平等と言われているのに、なぜそんな状態が出現しているのでしょうか。

人間の価値に優劣をつけさせるしくみ

あれができる、これができない、といった個々の「能力」のあるなしを超えて、能力の有無を人間の値打ちらしきものと結びつけるやり方は、この十数年の日本社会で露骨になってきました。その最たる例で、出発点とも言えるのが、「人間力」という「力」です。最近では、「女子力」とか「老人力」、「鈍感力」「片づけ力」果ては「愛され力」まで、人間の振る舞い方や感情など何にでも「力」をつける、能力のインフレ状態が広がっていますが、「人間力」は青少年政策、教育政策の分野で大まじめに提唱（内閣府「人間力戦略会議報告書」二〇〇〇年）された不思議な「力」です。それ以前にも、もちろん「精神力」といった、中身を考えると実は曖昧な「力」言葉がありましたが、「人間力」とはあまりにも異様な言葉で、こんな言葉を考えついた人はいったいどんな「人間力」の持ち主なのだろうと、皮肉を言いたくなります。

「人間力」は、「知的能力、社会・対人関係力、自己制御」の三要素から成るという定義らしきものはありますが、その三つを合わせて、それがどうして「人間力」になるのか、さっぱりわかりません。そうした要素のあれこれが足りない人は人間力が低下しているとされ、近年の若者たちには人間力の低下が目立つので、人間力をアップさせる訓練、教育が必要だ、というわけです。

「お前、人間力が足りないぞ」と言われるのは、まだ人間になっていないと宣告されているようですね。昔なら「お前はまだ未熟だ」というところを「人間力不足」と言い換えたのかもしれませんが、後のほうは、能力判定の体裁をとっている点がちがいます。女子力検定はネタにすぎないけれど、もしも人間力検定一級、二級などと順位をつけられるようなことがあったら、たまったものではないでしょう。なにしろ政府が政策として掲げている「能力」なのですから。経済産業省が提唱した「社会人基礎力」（「社会人基礎力に関する研究会・中間とりまとめ」二〇〇六年）など、各省庁が謳っている「力」の数々を見ると、そんなわけのわからない能力のモノサシを使って人間を評価してよいのか、そもそもできない評価を無理にすれば、理不尽なモノサシをあてがわれる若者たちが不幸になるだけではないか、と真剣に考えざるをえません。

「力」のインフレが人間のありとあらゆる側面を全部「〇〇力」と名づけるようになってしまえば、人の能力を評価するのは無意味になりますから、それはそれで面白いと思います。「遅刻力」「怠け力」……と並べてゆけば、評価という作業自体がばかばかしくなり、「結局、人はいろいろだよ」という結論に落ち着くかもしれません。逆に考えれば、人を評価することが無意味にならぬよう、評価する力が実は限定されているから、私たちは評価のモノサシを意識し、よい結果を残そうとがんばるのではないでしょうか。とすると、評価のモノサシが威力を発揮できるのは、そのモノサシをあてがって、「お前はダメだ」と宣告できる場合だ、ということも言えそうです。わざわざ「人間力」といったモノサシを持ち出すのは、そういう効果を意図してのことだと疑いたくなります。つまり、その人の「ダメさかげん」を判定できるかのように使えるモノサシ（人間の優劣を決められるかのようにはたらくモノサシ）こそが、社会に役立つモノサシだ、というわけです。

私が深刻に感じるのは、子どもに対しても大人に対しても、そうやって一人ひとりの人間としての価値を評価の対象にすえて、平気で優劣をつけさせる精神的しくみが、いまの日本社会に横行していることです。「お前たちはクズだ。異論はあるだろうが、社会に出たばかりのお前たちは何も知らないクズだ。その理由は、現時点で会社に利益をもたらすヤツが一人もいないからだ」「クズだから早く人間になれ。人間になったら、価値を生める人材になり、会社に貢献するように」（今野晴貴『ブラック企業』文春新書、二〇一二年）と平気で入社式に訓示するような企業があり、子どもを産まない女性は生きている価値がないと広言する政治家（石原慎太郎氏の東京都知事時代の暴言ですが、近年の議会でのヤジ問題とくらべると、うやむやのうちに見過ごされてしまいました）がいます。あまりにも露骨で野蛮なヘイトスピーチに眉をひそめる人は多いと思いますが、民族をまるごと抹殺してしまえというような極端な差別主義の土壌には、「こいつはダメなヤツ」という身近なダメ出し判定があることを見逃すべきではないでしょう。相手の弱みを見逃さず攻撃することでしか自分（たち）の優位な位置を保てない関係、そう感じさせる関係が、ついには他者の人間としての存在そのものを否定する道につながっているのです。

「ポジティブに生きなさい」

一人ひとりの能力を測ろうとするモノサシには、このように、たがいの能力の優劣を測りながら、同時にそれを人間としての優劣に結びつける危険な落とし穴がひそんでいます。子どもたちの世界では、その危険性が忠実に映し出され、些細なことであっても、「そんなこともできないの」という判定が、そう判定された子どもへの人間失格宣告に瞬時につながってしまいます。「キモ」という一言で、いわば人間界からの追放が決まってしまうかのように。そこで、どんなにピンチの状態になっても、周囲からダメ出しをされぬよう全力で自分を守ろうとするのは当然です。「私は大丈夫」「平気です」「何ともないよ」「気にしないで」……と、自分の「強さ」を認めてもらうための返答がたくさん用意されているのは、自分の「弱さ」を衝かれ、ダメ認定をされぬようにするためなのです。

自分自身にも必死で言い聞かせるかのような、この「大丈夫、気にしないで」反応は、他の人へも自分自身にも深刻な副作用をもたらします。他者に対する副作用とは、「私はつらい」とか「困っているから何とかして」と訴える人を、「こらえ性がなく、甘えた弱い人間」とみなして反発したり、攻撃を加える傾向のことです。誰もが「つらい」と思う気持ちをこらえ、「大丈夫」と言ってみせているのに、「つらい、何とかして」と騒ぎ立てる——現実に迫られて発する感情や主張がそう聞こえる——のは開き直りのように感じてしまい、「ふざけるな」と怒りすら覚える状態です。

この副作用が重大なのは、社会が受けとめ対処すべき（またそうしたほうが、社会にとっても有益な）困難を抱えた「弱者」の口を封じる効果があるからです。誰に対しても、「大変だね、かわいそうだね」と感じてもらえる方法で自分の窮状を差し出せなければ、「ふざけるな」と非難される。それが予想できるから、命を投げ出したいくらいに苦しい状態でさえ、「大丈夫、気にしないで」という反応がとっさに出てくる。数々のいじめ事件を想い起こせば、苦しさをどこまでも自分のなかに閉じこめさせるこのしくみはよくわかるはずです。

苦しさを出させないこうした縛りは相互にはたらくものだから、自分自身にもはね返ってきます。自分の「強さ」を認めさせるためには、自分のなかにある「弱さ」（と感じられる部分）を徹底して抑えつけなければなりません。気持ちがめげてしまうような困難はあってはならない、大した問題じゃないと処理できなければいけない——そういう姿勢（気持ちのつくり方）を徹底して、自分の「弱さ」を撲滅しようとするのです。

苦しい部分、困難な部分を考えないでおこう、明るく振る舞おうという態度は、最近ではプラス志向などと呼ばれ、人を成功に導く積極性として推奨されています。自分の身に降りかかるさまざまな困難にめげず、ポジティブな姿勢を見せることが評価され、逆に、社会生活のあちこちで問題を見つけ、問いただすような態度はネガティブだとして問題視されます。たとえば、米国社会でポジティブであることがいかに重視され、強要されるかについて、エーレンライクという評論家はこんなエピソードを紹介しています。学生ローンと医療保険料を稼ぐため、他の仕事とかけ持ちでコールセンターに働く大学生が、上司から「ここで働くならもっと楽しそうにしてもらいたい」と言われた例です（バーバラ・エーレンライク『ポジティブ病の国、アメリカ』中島由華訳、河出書房新社、二〇一〇年、六七頁）。

エーレンライクは、ポジティブなニュースだけを配信するウェブサイトまである（！）と述べていますから、そういうニュースだけを見て暮らしていれば、戦争も貧困も虐待も、およそ社会の悲惨さ、矛盾をあきらかにする問題などまったく気にせず過ごせる、というわけです。「ポジティブに生きなさい、そうすればあなたは幸せになれる」というメッセージが、何を見せずにすまそうとしているか、あきらかでしょう。現にある苦難を見なければ、知らなければ幸せというプラス思考の奨めは、貧困も社会の矛盾も「別世界」のこととして放置する傲慢さの奨めにほかならないのです。

すり減らされる自尊心

ポジティブに生きなさいと盛んに奨められる社会（米国にかぎらず、日本社会もまさしくそうした状況にあります）は、実は、ポジティブになりにくい問題がたくさん存在する社会ではないでしょうか。子どもも大人も、ちょっと油断すれば心配事が心に忍びこんでくる生活だからこそ、「プラスに考えよう」というはたらきかけが、よく効く薬のように染みわたるのでしょう。

ところが、プラス思考でがんばってみても、たとえば、「ぼっち」のような孤立状態が解消できるとはかぎりません。そもそも「がんばらないといけない」と自覚することがもう、マイナスの何かを意識している証拠です。自分が「リア充*」かどうか最初から気にしないで「リア充」でいられるのが本当の「リア充」だとすれば、「私もそうなろう」とプラス思考を持とうとする時点で、もはや「リア充」とは言えず、「キョロ充**」にすぎないのです。

この例からわかるのは、ポジティブ志向の人もふくめ、社会生活のさまざまな場面で、大部分の人が必ず問題や困難にぶつかっている、ということです。そしてそれにもかかわらず、自分は前向きで苦しさなんか感じていないという姿勢を表向きにも自身の内心に向けても持ち続けなければいけないとすれば、困難を感じることが自分自身への「ダメ出し」につながってゆきます。「元気だ、大したことない」と無理して笑顔を見せるすぐその下に、無理している自分の「弱さ」がつねに意識されるからです。

こう考えてくると、日本の少年少女の自尊心が、他国にくらべ、極端に低い理由も了解できそうです。周りから見てそうとは思えないのに、自分は大した人間ではないと感じてしまう。成績

* ネット用語で「リアルな生活が充実している人」の意、ウチらのシャカイでのカースト最上位に位置する。

** リア充のつもりだが、実際にはリア充に見られようとしてキョロキョロしている人の意。

の良し悪し等にかかわらず、自己肯定感が持ちにくく、しかも成長を重ねるにしたがってますます低下してゆく傾向は、思春期には自意識過剰になりがちという理解では説明しきれません。普通に生きていると自尊心を持てなくなるようなしくみがはたらいていると思わざるをえないのです。

このようにすり減らされ傷つけられる自尊心を、それでも守ろうとすれば、「私はやっぱりダメな人間だ」と認めることで、そう思えるほどに自尊心（プライド）というものを高い水準で考えているのだと確認するしかありません。「ダメな自分」をそうと認めることによって、プライドを高く保ち続けようとする矛盾に満ちた心理操作です。

自尊心のこうした保ち方は、「いまのあなたもあなたの一つのすがた、欠点があろうと弱みがあろうと卑下することはないし、いまの自分を認めていいのでは」という問いかけを強く拒否するでしょう。「私がダメだと知っている私」にこそ価値があるのだから、自尊心のハードルを保つこのやり方を否定されると、自分の立つ瀬がなくなるように感じられます。そうして、ダメな部分を感じるたびに、自尊心のハードルは高くなってゆき、現在の自分のダメさかげんを認める度合いも深くなってゆくのです。「これだけできればダメじゃない」と自分で納得できるハードルが高くなるから、そこにたどり着くのはいよいよ難しいことになります。「病気」なら少ししか働けないのは仕方ないと思えても、引きこもりから脱するのはフルタイムで働けるかどうかが基準だと自分で自分を縛る心理の底には、自尊心のハードルを高く設定させておく目に見えない社会的圧力がひそんでいるように思います。

「まだこれではダメ」「自分には価値がない」と感じさせ認めさせることが標準仕様になっている社会は非人間的です。そんな社会のつくり方を変えることはできないのでしょうか。「私もあなたも大丈夫ではない」という共通の土台の上にたがいの関係を築いてゆけるような社会、「弱さ」や「傷つきやすさ」が人間的な関係を築く不可欠の資源であるような社会――そんな社会のすがたに近づいてゆくための技芸（アート）や考え方があるとすれば、それはどのようなものか探ることは、私たちが人間らしく生きるために、いまとりわけ重要な課題だと思います。子どもたちの成長（社会化）にかかわる広い意味での教育にとっても、こうした追求が求められています。いま学校教育に欠けている最大のテーマは何かと問われれば、性格も家庭背景も資質も異なる子どもたち、そして大人たちが、異なるからこそよりいっそう豊かなつながりを編み出せる技芸（アート）の創出だ――私はためらわずそう答えます。

3 他者とうまくすれちがえる技をみがく

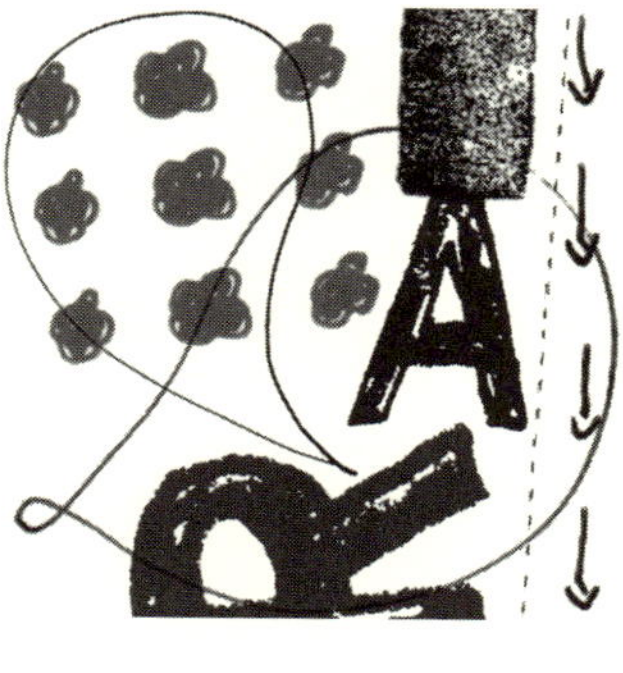

マニュアル型応答の力

人が人とかかわり人に出会う世界は謎に満ちています。同じ言葉を同じような状況で使っても、相手がちがえば反応は同じではないでしょうし、その後の展開もちがうのが普通です。だからこそ人間関係はややこしくトラブルもある、誰かと人間としてかかわりあう仕事には未知の要素がつきものです。展開が読めないからスリリングであり、魅力的でもある（予想もしなかったシチュエーションで好きな相手が出現するドラマはそんな魅力をつたえています）のですが、同時に、どう出るか予測のつかない相手と衝突する危険も避けられません。「人間ほど怖いものはない」と言われたりするのは、他者とともにつくる世界がそうした予測不可能の危険に満ちているからでしょう。地理的制約を超えて交友範囲が広がるネット社会で大人も子どもも生きるようになったいまでは、そんな危険がよりいっそう切実に感じられるはずです。

人間関係のこうした拡大と高密度化から生じる「ニアミス」や「衝突事故」――巨大ターミナルなどで深刻なトラブルになりかねない衝突が増えていると聞きます。「歩きスマホ」で頻発する衝突やニアミスは、他者とともにいる社会（空間）が二重化し、濃密になっていることを示唆しています――を避けたいと思うのは、それだから、現代の社会環境が呼び起こす当然の願望と言えます。その結果、人が他者とともにいる（つくる）場で起きそうな衝突リスクをどうすれば軽減できるかが、個人個人にとっても社会全体でも重要な課題になります。嫌な思いをしないよう、あらかじめおたがいの関係を調整するしくみが編み出されるのはこのためです。

たがいの関係、コミュニケーションにトラブルが起きぬようにするやり方としてすぐ思い浮かぶのは、接客マニュアルでしょう。居酒屋チェーン、ファミレスなどで、どこでも同じ、決まったパターンの応対がされる。「ご注文はこれでよろしかったでしょうか」という締めの言葉で終わるあれです。「人間的」な触れ合いを求める人にとってはいささか味気ない応対です。注文のやりとりだけならば、自動音声の機械に任せれば注文のやりとりも必要なく、応対はさらに簡略にできます。客のほうだって一言もしゃべらずお金を支払うのが普通ですから、人間同士が出会っていながら、かぎりなく自販機に近づいている状態と言えます。

こうしたマニュアル型の応対は言葉だけ取り出すなら、なにも人間でなくてもできるので、給仕ロボットを開発すればそれで用は足りることになるでしょう。自販機ばかりに取り囲まれて暮らす世界を想像して「そんな世界は真っ平ごめん」と言いたい人がいるにちがいありません。人間同士のコミュニケーションがほとんどない状態は、たしかに、一人ひとりを孤立させてしまう異様な環境ですから、「ごめん、それは勘弁して」と言いたくなるのは当然です。ネット社会が発達し、これまでよりもたくさんのかかわりをつくることができるようになったいま、「人間同士」がつきあうとはどういうことか、あらためてよく考えてみたいテーマなので、この問題は後で少しくわしく見てゆきます。ここではその前に、マニュアル型の応対にもそれなりの役割があり、必要性があることに注意したいと思います。

人と会うのが億劫、話すのが怖いと感じてしまう人にとって、話さずにすむコンビニは救いの神かもしれません。実際、引きこもり状態で過ごしている人がネットゲームなどをつうじて何とか外の世界とつながりを保っている場合があります。ボットやボカロと「対話」することで自分の居場所や位置をそれなりに考え確かめるようなこともあるでしょう。応答のかたちが見通しの持てるパターンを持っていることは、人の不安を和らげる効果があるのです。慣れぬ海外旅行でコンビニを見つけてほっとする場合も同じです。

働く側の立場に立つと、マニュアル型応答がもたらす安心感はもっと切実かもしれません。マニュアルに従っていれば、「態度が悪い」、「応答の仕方がなってない」とお客から責められる心配が少ないからです。味気ないやりとりだと思われても、理不尽に非難される危険はないから、マニュアルを盾にして身を守ることができます。

これらの場面、状況から、マニュアル型応答が役立つ条件、社会環境とはどんなものかが浮かび上がってきます。失敗するとまずい、うまく応答ができないと責められる、自分が悪い、ダメだと思わされてしまうような関係、環境だと、マニュアルが欲しくなる。何を言っても大丈夫、他人のことなど気にせず自己中に振る舞える力があれば、マニュアルなんて必要ないでしょう。

つまり、マニュアル型応答がいたるところで使われる社会とは、力関係のちがい、上下関係の差がコミュニケーションと人間関係に大きな影響力を振るう社会と言えます。不平等な関係が幅を利かせている社会ほど、人はたがいに身を守る手立てを講じる必要があります。マニュアル型応答はそうした手段の一つなのです。*

* マニュアル型応答と似ているけれどその役割は反対と言えるものに、官僚的答弁などと言われる応答があります。「規則で決まっているので、あるいは、規則にないので、それはできません」「お話は承り、善処させていただきます（実際には「善処」する気などない）」……といった応対です。権力、権限を持つ側が相手の要求、願いを無視するための話法で、日本社会のいたるところで威力を発揮しています。この応対が実はいいかげんで、嘘も方便と言いたくなるものであることは、たとえば、日比谷派遣村に多くの困窮者が集まりテントに収容しきれなくなったとき、派遣村の要求に応じて厚労省が施設使用を認めた例からわかります。「規則にない」「規則だからダメ」という説明は、努力すればできることをしないですませる口実にすぎないのです。

誰もが「コミュ障」を恐れる社会

マニュアル型応答は人間関係を円滑にする便利な手段ですが、「円滑にする」ことの中身をつきつめて考えると、軋轢を起こさない、ぶつかりあうような関係にしないということでしょう。うまくすれちがう関係です。

さて、しかし、世の中のあらゆる関係がそうやって「うまくすれちがえる」かたちになるとしたら、いったいどのような社会が生まれるでしょうか。以下の一文を見てください。ライトノベルの一節です。

「努力のかいあって、自分はだいぶ、〝人間〟のフリがうまくなりました。周りの人たちは、自分のことを、明るく楽しく、優しい人だと言います」（野村美月『〝文学少女〟と死にたがりの道化』ファミ通文庫、二〇〇六年、五五頁）

現代日本の若者たちが読む小説類には、同様の描写はそれこそ当たり前のように出てきます。それは、彼ら彼女らのあいだで、おたがいにトラブルが生じないよう細心の注意を払うコミュニケーションが高度に発達していることの反映です。「考えていることがわからない」「黙っていないで言いたいことを言えばいいのに」などと大人から非難される彼らですが、若者同士のコミュニケーションが繊細に配慮されつくしたものであることを大人はほとんど想像できていません。話しかけの最初に、「あ、」とか、「えーと、」などと言えば「コミュ障」と思われてしまうから要注意。何人か集まれば、ツッコミとボケの役割がつくられ、会話を盛り上げる。ツイッター、LINEなどで既読スルーせず、こまめに「いいね」ボタンを押す。つまらない、意味ないと感じるおしゃべりにも、律儀に熱心に（見せかけて）参加する……。一つひとつ数えあげれば驚くほど多彩な配慮が張りめぐらされているのです。そしてそうやって「明るく、いい人」と思われるように振る舞うことが、先の引用では、「人間のフリ」がうまくなることだと指摘しています。これが若者たちの実感をとらえていることはまちがいありません。

トラブルなくすれちがえるこうした技を若者たちが考案するのは、相手に「余計な」ストレスを与えず一緒にいるための配慮からです。そんな配慮について、「結局それは自分が傷つきたくないだけでは」と批評されることがありますが、おたがいに配慮しあうことで精神的に苦しい目にあわぬよう注意することを責めても何も解決しません。そもそも、そうやって「好感を持ってもらう力」をみがくよう仕向けてきたのは、大人たちがつくったこの日本社会ではないですか。若者がおかしいと責めるのは、お門違いもはなはだしいと言うべきでしょう。

社会のおかしさがもっとも鮮やかに示される例が、たとえば、就職試験の面接です。担当面接者に「この人は残そう、雇ってもいいな」と感じてもらうため、想定される状況に応じた受け答えを応募者は必死に訓練します。仕事に必要な力を明確な判断基準としない日本の曖昧模糊とした就職面接では、企業側に好感を与える人物像の押し出し――これを「雇われやすさ」と称して当然視する主張がありますが、それは、労働力の買い手である企業の気に入るよう人格改造しなさいと言っているようなものです——が重要視されます。「コミュニケーション能力がなければダメ」といった言い方で示される、この要求にうまく応えること、しかも、四次面接、五次面接と続くような多段階の「人間性・人物評定」テストをくぐり抜けるには、相手が求める要求を敏感に読みとり、「はきはきと爽やかに」あるいは、思慮にとんだ学生と感じさせるよう「とつとつと、しかし言葉を選んで力をこめて」……といった豊富なパターンの返答を用意しなければなりません。面接者は応募者の「生のすがた」を引き出そうと、時に、圧迫面接のような卑劣な手段（ハラスメントであるだけでなく、そんな「質問」をしなければ判断できない「人材」を求める点でも卑劣です）に出ることもあり、それにも備えが必要になります*。

これが、「人間のフリ」をうまくさせる訓練の典型であることはあきらかでしょう。この訓練に習熟すればするほど、おたがいの関係は洗練されたマニュアル型応答に近づいてゆきます。「若者がなかなか本音をしゃべってくれない」という嘆きは、いま、ありとあらゆる職場の中堅層、管理職層の悩みのようです。「本音を出し合って話そう」という求めは、皮肉なことに、「これが本音と相手に思ってもらえるネタを振っておこう」という応答を呼び起こしてしまい、話されたことが「本音」とはかぎりません。そしてそういう面倒なコミュニケーションを強いているのは、若者ではなく、この社会なのです。好感を持ってもらえるようコミュニケーション能力を鍛えなければダメだとする風潮が日本社会を覆っています。それゆえ、若者たちの配慮に満ちた「すれちがいコミュニケーション」は、社会のそんな要求に応じながらマニュアル型応答を逆用することで「本音」を隠し守る逆襲のわざと言うべきではないでしょうか。

つきあい方をあらかじめ管理する社会の怖さ

もちろん、無用なトラブルを避ける配慮が社会生活に必要ではあっても、人と結び合う関係のすべてが、当たり障りなくすれちがうやり方で尽くされるとは考えられません。「すれちがいコミュニケーション」の環境が広がれば広がるほど、それでは解決できない問題が出現したときのダメージは大きくなります。極端な話、自販機だけで日用品が何でも入手できる社会で、お金を入れても品物が出てこなかったら持って行き場のない怒りに駆られることでしょう。クレーム先が用意されていても、クレーム処理用コミュニケーションがやはりすれちがい型（たとえば、ほとんどが自動音声案内で問題を訴える場になかなかたどりつけないといった）になっていれば、そこでもストレスがたまりそうです。

社会生活上での人の結びつきがこのように、あらかじめシステムによって誘導されコントロールされる社会は、管理社会などと呼ばれてきました。未来の社会がそうなってゆくのではという

＊　こうしたシューカツを実際に経験し、その苦しさを報告している、双木あかり『どうして就職活動はつらいのか』大月書店、二〇一五年など、近年のシューカツの異常さはようやく知られるようになってきました。

想像力をはたらかせたSF的な物語は、悪夢のような未来像として、あるいは逆に、ある種の理想郷として、以前もいまもさかんに生み出されています。ボットとの会話を楽しむ（楽しみ方にはいろいろあるようですが）子どものすがたや、生身のコミュニケーション抜きでもたいていのものが買えてしまうネット社会の様子などを見るにつけ、「すれちがい社会」の範囲はますます広がってゆくように思えます。ネット上につくられる社会は、いまでは仮想の現実ではなく、もう一つの社会と言えるくらいに「進化」して、思春期の少年少女は、二つの社会を同時に生き、使い分けて過ごすようになっています。安くて丈夫なお掃除ロボットや介護ロボットが人間の面倒を見てくれる時代は、すぐ目前のところまできています。

　そんな社会環境（社会のつくられ方）の変化によって、これまで当たり前と考えられてきた、面と向かって人がたがいに出会える方法、文化が、むしろ、よりいっそう重要な意味を持つようになるとも言えそうです。面と向かい合う人間同士の関係では、それぞれの想定問答どおりに会話がすすむわけではありません。同じ言葉、同じ振る舞いでも、相手やシチュエーション次第でまったくちがう影響、効果を及ぼします。そして、上手にすれちがう技が精緻に組み立てられるほど、そこから外れた関係の衝撃力は大きいはずです。変な喩えのようですが、最近の化粧事情を例にあげます。「薄化粧もスッピンのうち」という「常識」（?）があると話題になったとき、では、スッピンは誰にどんなとき見せるのか気になりました。「人と会う以上、化粧が基本だから誰にも見せない」とはある学生の返答でしたが、そうなると素顔を見せることが人生の重大事になるね、と話し合ったものです。『夕鶴』（木下順二）の主人公が機を織るすがたを夫に見られた瞬間のように、想定されない関係（出会い方、振る舞い方、会話……）が、大変なダメージ（もちろん逆に励ましや勇気の場合もあるでしょうが）を与えるのです。*

どんな事態が生じても対処できるしくみをあらかじめ整えてあると安心していればいるだけ、それを裏切る事態が起きたときの衝撃が大きくなるのは、社会システムの場合でも同様です。「絶対安全です」と宣伝してきた原発が爆発したことがもたらした衝撃はその典型的な例です。そもそも想定外の事態に備えるべき原発のような危険な施設について、「絶対安全です」と自信ありげに主張することが無謀で傲慢と言うべきでしょう。子どもの通学時の安全というテーマを考えても同様のことが言えます。たいていは無事に登下校しているけれど、だから一〇〇％安全とは言えない。何かのアクシデントに遭う可能性はゼロにはなりません。登下校にボディガードをつけるサービスが最近あるようですが、それだって絶対安全と保証はできないでしょう。米国などでは、小学生には保護者の送迎が必要ですが、それだけ日本よりも安全とは言えません。ま

＊ 化粧についてのこのエピソードは、もはや素顔が従来の感じ方から離れ、その人にとっての素材のような位置にあることを推測させます。第二次ブーム以降のプリクラはそのことを暗示しています。お好みの顔に細工できるプリクラもその人の顔写真と言えるかどうか、若者のあいだでも賛否両論があるようですが、その上に彩色できるキャンバス生地のように、顔や身体を、自分をそのつど表現する素材のように扱う感じ方が広まっているようです。

た、誰かがボディガードを雇うことで、ボディガードのいない子どもたちはかえってリスクが高まるかもしれません。

以上の例から、人間の出会い方（つきあい方）や社会のつくり方について、方向が逆の考え方（対処法）があることがわかります。一つは、起こりそうな軋轢や衝突、アクシデントを予防するしくみをできるだけ緻密に組み立てておくという考え方。現代の社会は、進歩した技術を利用し、この方向を徹底して追求してきました。それでも何か事故が起きれば、またそれを防ぐためのしくみが考案されるという具合に、この方向での「安心・安全」の追求はとどまることなく「進化」してゆきます。街中の監視カメラが「増殖」してゆく過程は典型です。「異性と連続して3分以上話をしたり、3m以上並んであるいたりしてはいけない」といった、絶句するほどばかげた校則が生まれた（はやしたけし『ふざけるな！　校則　PART3』駒草出版、一九八九年）のも、中学での男女交際を防ごうとした挙げ句の「進化」にちがいありません。昔のことと笑うなかれ。「いじめ防止対策基本法」（二〇一三年）も、やはり、こういう考え方に立っているのですから。

この考え方が怖いなと感じるのは、「安心・安全」の追求がそもそも人々の人間的なつながりを得るためのものだという出発点からかけ離れてしまう点です。たとえば、自分が通う学校内に監視カメラが設置されることを聞いた高校生はこう投書しています。

「カメラの設置場所が公表されていないのだ。常に、どこから見られているかわからない環境で、生徒たちを過ごさせることが本当にプライバシーの保護といえるだろうか」（『神奈

川新聞』二〇一一年九月五日）

これでは、「常に見られている」（＝常に疑われている）ことをよく呑みこんだ振る舞い方が発達するのは当然です。定期的に全生徒のカウンセリングを行う学校もあるといいます。心のなかもつねに監視されると思えば、「人間のフリ」も究極までゆくしかないでしょう。

さて、もう一つの考え方は、いうまでもなく、「安心・安全」のそうした追求は無理だというもの。人間関係や社会関係に生じるリスクを予防するしくみの限界を認め、限界があることを出発点に社会のつくり方を考えようとします。人と人とのかかわりを人間的なかたちにしてゆくためにはこの点の自覚が不可欠だ、というのが本書で強調したいことです。

このように言うと、「それって結局、自由放任で一人ひとり勝手にすればいいっていうこと」という疑問が出されそうです。子育てや教育の世界では「自由放任」は評判がよくありません。子どもを放置して責任をとらない親はおかしいと思い、「援助交際」（売春）を正当化して「自分の身体をどうしようと勝手でしょ」と言われると、「それはちがうんじゃない」と感じる。みんなが思い思い勝手に行動すれば社会は混乱するだろうし、子どもにしたい放題させていいはずがない――そう考える人がいて当然です。

社会を組み立てる原理として自由放任（レッセ・フェール）をどう評価するか、自分が勝手にしてよい権利（自己決定権）はどこまで認められるか、といったことがらは、実は、大変に複雑な問題を孕んでいて、哲学や思想の領域を中心に膨大な議論があります。ここでは、それらについて触れることはできません。また、ここで述べようとする考え方は自由放任とはちがいます。社会の組み立て方としての「自由放任」は、現在では、しばしば、「市場経済に任せておけばよく、規制は経済を阻害する」という主張に現れています。「社会保障、福祉にお金をかける大きな政府はいらない。自助努力でがんばれ」といった主張もそうです。福祉国家のしくみを否定するこうした「自由放任」＝市場原理主義の主張は、財力のある「強者」が勝ち続けるしくみを守ろうとするもので、まったく同意できません。*

　そもそも市場経済が「自由放任」のしくみだと言うのも事実に反します。市場が成り立つようなしくみ（法律、社会的規制など）がなければ市場取引もできないはず。「自由放任」というあり方が実際には何を指しているのか確かめず、「誰もが自由に取引できる」というイメージにとらわれるのはまちがいです。

　また、「学校教育にもっと自由が必要だ」という主張（「自由放任はまずいけれど、何でも規則で縛るのも嫌」という人は多いでしょう）にしても、その自由は、学校というしくみの存在を前提にしています。学校に頼らず親が私的に教育を施せるのは財力がある場合だけで、欧米の上流階級はそのような私教育をつうじて「教養」を継承し独占したのでした。**

　これに対し、公教育としての学校教育は、ごく簡単にまとめて言えば、庶民の子どもたちに必要な（と考えられる）知識、文化をつたえる機関として発達します。公的な学校教育制度の普及（中等教育、高等教育の拡大）は、教養の独占を打ち破り、経済力のない労働者家庭の子どもたちが知識を得る自由を拡大するという意義を持っていました。現在の日本でも、家庭の資力がなければ大学に進学できない、経済的困難を抱えた家庭の子どもたちは低学力の状態におかれる、といった教育格差がすすんでいます。子どもの貧困率は政府統計でも増加傾向にあり、七人に一人が貧困状態におかれています。しかも、公的支援によって貧困率が減るどころか、税金その他の公租公課のために貧困率が増してしまう異常な状態が出現しています。そういう格差を見ずに、「もっと自由に」と主張することは、貧困層が教育を受ける自由をよりいっそう制限する結果につながるでしょう。

「学校に行かせること、学校で過ごすこと」が社会的な強制の面をふくんでいることは確かです。学校という社会を成り立たせるうえで必要な規律の中身・範囲（また、自由の中身・範囲）については、とりわけこの半世紀の間、たくさんの議論がされてきました。現在であれば、ケータイ、スマホの所持禁止、等々。学校行事での君が代斉唱など、時の政治、政策が押しつける規律についても。あたかもそれがなければ学校という社会が成り立たないかのように強弁して、頭

＊　自立という言葉がそうした政策を擁護するために使われていることに注意してください。さまざまな困難を抱えた若者を支える政策が、「自立支援」と呼ばれることがありますが、その場合の「自立」を、自己責任で困難を克服してもらうようにすると考えるのは非現実的で危険です。

＊＊　少女マンガに出てくる家庭教師は、そうした上流家庭で「教養」がつたえられる様子を描いています。その家庭教師は、では、どこから育ったのかという興味深いテーマもあります。

から規律を押しつけるのはおかしいし、そうやってつくられる「社会」秩序には、実は、限界がある――これが肝心の点です。そしてそう主張したからといって、子どもたちが過ごす学校という社会の存在を否定し、ありえない「自由放任」を求めているわけではありません。

他者との出会いが孕む緊張と暴力の誘惑

人間関係や社会関係をあらかじめ計画的に組み立てること、リスクを予防することには限界があるという認識は、「だから自由放任でよい」という主張に結びつくとはかぎりません。確認しておくべきなのは、たとえどんなに精密にプランを立てても、そのとおり事態がすすむことが絶対とは言いきれない、ということ。人が、楽しめるよう、苦しまずにすむよう、安心できるよう……配慮し手立てをとることは自然であるし、そうすべきです。しかしそれでも、予測どおりに物事が動かない事態は必ずある。人と人のかかわりあいではなおさらそうで、むしろ、思いどおりにすすむと考えるほうがおかしい。相手を自分の思いどおりに動かすような関係が完全に実現することなどありえません。

人と人がかかわりあう場面、他者と出会う場面につきものの意外性、想定できない事態への対処が考え抜かれた例として、スポーツ競技をあげることができるでしょう。勝ち負けを争うスポーツ競技は、どのようにしたら勝利できるかをつきつめ、勝利するために必要な技術をどこまでも追求します。しかし、同時に、どんなにすぐれた競技者でも、必ず勝つとは保証されていません。絶対勝つという保証がないからこそ、勝利の確率を高めるために技術をみがくのです。想定外のことが試合では起きることを認め、そんな状況にぶつかることを「想定」して、それでもよりよく対処できる方策を立てるのが、他者との出会いをある一定の形式の下で整えた、スポーツ競技の特徴ではないでしょうか。

自分の側では測りきれない他者という存在を認め、予想しなかった事態や状況を受けとめようとすること――それは、他者と出会うとき、人間同士がかかわりあうとき、欠かすことのできない「心構え」(人間性) です。心構えなどと言うと、道徳じみたお説教のように聞こえますが、人が生きるうえで不可欠な (というのも、もしそうした心構えを捨ててしまうなら、自分の側も独立の存在と認められないのだから)、人間精神の根源的なあり方を意味しています。わざわざ人間性などと言わなくても当たり前と思われるかもしれません。しかし言葉でわかっていても、その精神を現実に生きられるとはかぎらないのです。人権という言葉を知っていても現実の人権が保障されるとは言えないように。「いじめはいけない」という子どもでも知っている規範が実際に守られるとはかぎらないように。

直接に誰かと面と向かい合っているときには、それでもやはり、「相手は人間だ」と思い知らされる機会が多いでしょう。他者は、自分の思いどおりに動かない (動けない) 点では、抵抗する存在で、その抵抗が直接自分に向かってくる場合も珍しくないからです。抵抗といっても意識的に反抗するだけでなく、相手からすれば、私がどう思っているか完全につかむことは難しいので、うまく応対できない。すると、私のほうは、「何だ、こちらの思いに逆らって」と感じます。親子でも教師と子どものあいだでもよく出てきそうなシチュエーションで、そう感じた瞬間に私たちは他者という「壁」に向き合っているのです。で、こちらとしては思いどおりにしたいため、たとえばそっぽを向いて騒いでいる子どもに、「静かにして、こっちを見て」などと指示します。子どもの側からすれば、大人の権威に従わされ、こちらに向かされている状態でしょう。

　そういう権威が威力を発揮しているうちは、子どもを思いどおりにできてしまうので、他者が思いどおりにならない存在であることは忘れられがちです。「ああ、うまく考えたとおりにすすんでいるな」という思いこみは、相手がそう思わせてくれているからなのかもしれません。「面従腹背」という言葉があるように、「はいはい、あなたの言うとおり物事はすすんでいますよ」と思わせる相手の「従順さ」が、思いどおりに話がすすむ関係を支えていても不思議ではないのです。積極的なリーダーのかけ声で何事も問題なくクラス全体が動いているような状態が、実は、そうした「従順さ」の発揮のうえに成り立っていることもあります。「ここは黙ってリーダーの言うことを聞いておけば無難だろう」という判断は、現在の日本では、小学生が当たり前に下す（下したほうがよい）判断で、現実に、そうやって学校生活の日々の流れがつくられていることは、子どもたちがよく承知しているはずです。

　目の前にいる相手を何とか思いどおりに動かそうとするとき、暴力に訴える誘惑が忍びこんできます。大人同士、子ども同士の関係でもそうですが、大人と子どもの関係ではとりわけ、子どもという相手が相対的に弱い存在であるため、暴力的なやり方の効果が大きく感じられます。児童虐待に見られるように、頼っていい(頼りたい)存在である近しい関係の大人が振るう暴力は、「そうされても当然な自分なのだ」という意識さえも子どもの心に植えつけてしまうくらい強力です。暴力は相手を従わせるはたらきだけでなく、深い無力感を相手に染みこませ、無力な状態を固定化させます。そしてそうできることがまた、暴力を振るう側の全能感をもたらし、ただ力を振るうことの快感だけのために力を振るわせるようにもなるのです。*つまり、暴力的なはたらきかけを仲立ちにした関係は、対照的なすがたではあれ、暴力を振るわれる者、振るう者両者を、この関係の魔力に縛りつけてしまいます。

たんに腕力を振るうだけでない暴力の多様なかたちについて、丁寧に検討してゆく必要があるのは、たとえ親子や恋人同士のように愛情・信頼関係で結ばれているはずの関係であっても、相手が「思いどおりにならない他者」である側面は必ず存在していて、そこに暴力的なものの入りこむ余地が開かれているからです。

たとえば、恋人のスマホなら全部チェックして当然と思い、むりやりそうするといった具合に。

* パワーハラスメント、モラルハラスメントのそんなすさまじい力を、まるで自分がその場にいると感じるほどリアルに描いた、津村記久子さんの芥川賞受賞作品『ポトスライム』を読んでみてください。暴力が人の心を打ちのめす深刻なはたらきをきっと実感できるはずです。

「動物じゃないんだから、言葉で質問されたら言葉で返そうよ。反応が遅いのはだめだよ。人間やめてくださいと一緒だよ」（『朝日新聞』二〇一三年四月一八日朝刊）——小学二年生に向かってなされたという担任教師のこの発言は、そう詰問された子どもを無力に追いやる暴力的な機能を帯びています。自分（たち）とのちがい、落差を人為的に出現させる遊びとしての「いじり」が、いじられる側を思いどおりにする「いじめ」へと移行する場面でも、暴力的なもののはたらきが顔をのぞかせるのです。LINEですぐさま返事しないと責められ、仲間外れの不安に怯えるといった例もまた、暴力的なつながりが忍びこんでくる一つのすがたです。

自分の方を向いてくれない他者に「こっちを見ろ」と強要できる力は魅力的です。人間関係の衝突を避けるスムーズなすれちがいが社会生活全体に組織されている現代の社会では、周囲の耳目を一挙に集める力として暴力的手段が効果的に感じられることが確実に存在しています。その誘惑をどうやってはねのけることができるのか——たがいの力関係がちがうかかわりでは、そのことが大変に重要なのです。

4

ケア的かかわりの広がりと養育・教育の位置

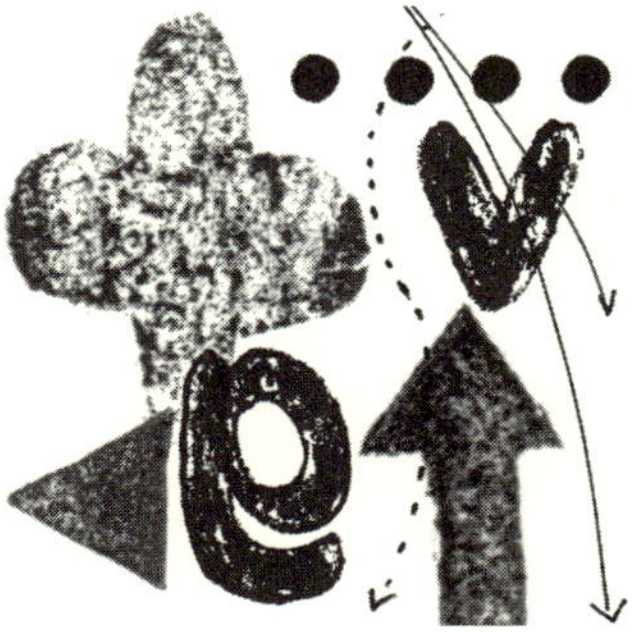

相手を配慮し支え合うかかわりとしてのケア関係の立脚点

よくわかったつもりでいた相手の思ってもみなかった振る舞いにぶつかるのは、時に、恐ろしくもあり不安にもなります。暴力的なものがたがいのあいだに入りこんでしまうとなれば、なおさらのこと。そして厄介なことに、「友だちだから」「親しいから」という理由で暴力的な振る舞いが生じないと断言はできません。だから厄介なのですが、しかしまた、思いどおりにならない人間同士は、そうだからこそ、予想もしない出会いや結びつきを生み出しもするのです。すれちがう関係では絶対に味わうことのできない、魅惑に満ちたこの事実にも注目しなければなりません。思春期の少年少女にSNSが短期間で普及したことは、他者と出会える期待と魅力とがいかに大きいかを物語っています。他者とともにいることではじめて社会の一員である自己を確かめられるのですから、これは当然のことでしょう。

たまたま出会った見ず知らずの人と、なぜか話がはずんで楽しいひとときを過ごす――旅先などでそんな経験をしたことがないでしょうか？「たまたま出会う」その一瞬が、見知らぬ者同士でさえ人間的に結びつけるかけがえのない機会になるかもしれない。旅先といわず、決まりきった（と感じられる）日常のなかでも、そうした瞬間はあちこちにひそんでいます。ある駅のキオスクで、店員の若者の応対に感心したことがあります。自分にも声をかけてほしくて、つい何か買いたくなるほど見事なのです。気が急いている風の乗客に、「大丈夫です。電車が来るまであと〇分。おつりを渡してもおつりがくる時間ですよ」といった具合に。ほんのわずかな時間でも、人が人と出会っていると感じさせる見事な振る舞いです。ロンドン、ヒースロー空港の搭乗券カウンター係員が、髪を染めた若者に、「パスポートの写真とちがうよね」と言ったあと、「僕もだよ」と、にやっと笑ってみせた場面もそうでした。

何気ない応対だけれど心が和む、こうした一瞬一瞬は私たちをほっとさせ、また時には、はっとさせますが、そんな出会いが、その場に居合わせた人に、よりいっそう深い影響を及ぼすことだってあります。「あのとき、あの一言がなかったら、悩みから抜け出せなかったかも」、「あそこで知り合ったおかげで、いまこうしていられる」……といった、思いがけず、かけがえのない出会いがそうです。記憶に残る人生の大事ではなくても、私たちは、そうした出会いを重ねながら、社会の一員として生きているのではないでしょうか。言い換えれば、私たちは、たがいに、思いどおりにならない他者に支えられてはじめて、社会人たりうるということです。

子どもと大人の関係であれ、大人同士であれ、そして子ども同士でも、そのようにたがいが人間らしくかかわって生きられるための配慮・支援が、ケアと呼ばれるかかわりあいの技芸（アート）なのだと思います。人が人のなかで生きてゆけるようにすること、社会をつくるためのアートと言ってもよいでしょう。そもそも「人間らしく生きる」ことのなかには、他者とともに生きること、つまり社会をつくり、社会人として生きることが必ずふくまれています。世の中に自分一人しか存在しないなら、「人間らしさ」という観念自体が意味を持ちません。人がたがいに出会い、ともに生きるためのアートすべてが「社会人となること」の内容です。*

こう考えてみると、ケアとは困難を抱えた人への支援という狭い意味にとどまらず、人が人とかかわる広大な場面ではたらく力であることがわかります。もちろん、学校教育や保育の分野で子どもにはたらきかけるいとなみにも、その本質的部分としてケアの次元が存在しています。学

＊　なぜアートかと言えば、人がたがいに出会うかたちは本当にさまざまで、うまくやってゆくスキルやテクニックに尽きるものではないからです。もちろん、技芸と訳されるアートにはスキル、技術の面があります。絵画に必要で効果的な技法があるように。と同時に、技法にどれだけ熟達しても、その熟達度合いだけで絵画の意義や価値的なはたらきを決めることはできません。アートは技法をふくみながら、それだけに尽きない意味や価値を帯びた作品全体を指す言葉です。

校は勉強する（させる）場所だという私たちの通念がまちがいと言うつもりはないけれど、子どもたちが社会をつくるために必要な支え、ケアもまた、学校という独特の社会に不可欠な要素です。そのことが忘れられ、ケアの次元が学校生活から削り取られてしまうと、学校という社会におかれた子どもたちは生きる場所を奪われてしまいます。そこが生きられる場所でないことには、どのような学びも成立するはずがありません。それだから、ケアは教育を成り立たせるうえで根源的で不可欠な要素、条件なのです。

ケアというかかわり方が持つ特徴について、もう少し考えてみます。支えるはたらきの相互性について。

幼稚園、保育園、学校といった子どもたちが育ってゆく場所での子どもと大人のかかわりでは、普通、ケアするのは大人の側と考えられています。意識的で組織的な支援のはたらきかけとしてのケアを考えれば、そうとらえるのは自然でしょう。医療や介護の領域でのケアがそう考えられるように、ケアする側される側それぞれの位置、ケアの方向性は、ケアすべき内容にそくしてあらかじめ定まっています。面倒を見る大人の側から、「子どもの笑顔に癒された」といった感想が寄せられることはありますが、それは支援的かかわりとは別物の、意図せざる返礼のように受けとられています。

さらに厄介なことに、そのつどの支援的かかわりが帯びる方向性は、当事者の意図にかかわらず、しばしば、ケアされる側を劣位におきます。自分が一方的にケアされる側にいると思うと、

「世話になりたくない」「借りをつくるのは嫌」という気持ちが生じるのは、ケアが優劣関係として受けとられるからです。自分でできるはずの（できないとダメとみなされる）ことがうまくできず助けてもらうシチュエーションではとくに。自分の「不甲斐なさ」をはっきりとさらけだすように感じられるために、世話されることはつらく、勇気がいるのです。*

しかし、個々の意識的な支援（他者の困難を解決するべくかかわるという点で）が持つそうした方向性にもかかわらず、ケアというかかわり方自体は相互的な性格を持っています。それはなぜか？

どんな人間も一人では自分の生活（生きること全体）を完結できないから。「一生涯、どんなときでも世話する側に自分はいる」と豪語できる人は存在しないはずです。「金さえあれば誰の世話にもならない」という主張もまちがいです。お金を払ってケアを受ける有償サービスにスティグマが少ないのは事実で、屈辱感を味わいたくない気持ちはわかりますが、だからといってケアの相互性を否定することはできません。「金さえあれば」という主張が無理な理由は一つでは

＊ 福祉受給にさいして生じるそうしたスティグマはよく知られた問題であり、ここであらためて触れるまでもありません。人間らしく生きるうえで必要なケアを受ける権利は憲法二五条の生存権規定に明記されていますが、明記されていても現実にその権利が保障されているわけではありません。生活保護受給世帯へのバッシングに見られるように、現在の日本では、「ケアを受けること」=「社会のお荷物」とみなす政策がとられ、ケアの相互性は見失われようとしています。

ありませんが、とりあえずここでは、「子ども時代はどうだったの？」と反問しておきましょう。何百億円ものお金を手に持って生まれてくる赤ちゃんはいないのです。

一人では自分の生活を完結できないこと、つまり私たちは、人間であるかぎり、どこかで何らかのケアを受ける存在であり、「自分一人では自分自身の生活を完結できない」という事実に着目するなら、欠如・欠落を必ず抱えている存在です。そしてそうした欠如を抱えているからこそ、ケアというかかわり方（ケア関係）をつうじて他者と出会う。つまり他者に開かれています。ケア関係とは、したがって、「個人」というものが他者の何らかの助けを当てにしなければ生きてゆけないようにできていることに根ざし、個人個人誰もが持つそうした欠如をたがいに埋めあわせるかかわり方なのだと言えるでしょう。

ケアの限界を自覚する

子どもと大人の関係、とりわけ広い意味での教育分野における子ども－大人関係では、ケアされる側する側という区別が、ほとんどの場合、固定化されており、前述したケアの相互性は意識しにくくなっています。ただし、この場合でも、ケアを受ける側である子どもたちの生活は、ケアを受け入れるという受動の位置にあるがゆえに、ケアする他者に開かれざるをえません。受け身の立場におかれるのは、普通よいことと言われませんが、そう単純ではないと思います。車の行き交う道路に幼児が飛び出しそうになるのを見つけた大人は誰でも、「危ない！」と引きとめにかかるはず。そうできるのは大人が持つケアの力であると同時に、子どもが労せずして助けを呼べること、他者とのかかわりを引き出す「天才」であることを意味してもいます。自らの「欠如」をつうじて他者とのかかわりを紡ぎ出すところに、受動（受苦）という位置の特質があるのです。*

ケアする側に位置し、そう求められる大人のほうは、ケアされる他者である子どもに対し、自分たちもまた開かれていることが意識しにくいと言えます。相手を支えることがどれだけ重要であっても、またそうする意義をよく理解し、支えようという情熱に満ちていても、当の相手は思いどおりにならない他者であり続けます。動かしようのないこの真実は、こうつたえることがで

＊　他者に対するそうした開放性は、子どもが、ケアとは正反対の暴力的侵犯を受けやすい存在であることをも示しています。これは、他者に開かれているかぎりつきまとう難題で、不幸にして被害にあってしまった子どもに、「気をつけなければダメでしょ、他人に気を許すからいけないの」と叱責しても問題は解決しません。「他者に開かれている」あり方自体を否定することはできず、すべきでもないからです。提起されているのは、ケア関係はもちろん、人が人とかかわるあらゆる場面での暴力的侵犯をどう排除し防ぐかという課題です。「あなたの人間的な振る舞いにつけこんで暴力を振るった者こそが悪い（あなたは決して悪くない）。そういう暴力を見過ごしにして被害にあわせてしまった私たち大人・社会が申しわけない」――他者に開かれているがゆえに被害にあってしまった子どもに対しつたえるべき言葉はこうではないでしょうか。

きるでしょう。「あなたの人生はあなたのもの、誰にも支配できないし支配させてはならないのだ」と。どれだけかけがえのない支援だろうと、相手の人生を支援の側の意図・目的に従属させてよいとは言えないのです。

子どもの生命が脅かされるような状況では「思いどおりにならない」なんて言ってられない——そんな疑問が出ると思います。相手の意思はどうあれ、緊急避難としての支援を必要とする場合があることは確かです。そうやって介入しなければ相手の人生そのものが断ち切られてしまうような事態がある以上、当然のことです。とはいえ、一人で外出する先々でどんな危険があるかわからないので、ずっとそばにいて見守るといった支援に限界があることも事実です。いかに用意周到な支援者でも、支えようとする誰かが人生でぶつかるかもしれない危険や困難をあらかじめすべて取り除いておくことはできない。そんなことができるのは、相手の生活を隅々まで完全に自分の思いどおりにする場合だけです。

親が子どもを思うあまり、子ども自身の人生を安全で安定した（と親が考える）世界に囲いこんでしまうのは、このような思いちがいから出現します。「私がどうしても支えなければ」という強い思いが嵩じて相手の人生までも引き受ける心理にいたるとき、思いちがいがもたらす結果は深刻です（父親の指示どおりに過ごし、次いで夫の保護下（依存状態）になければ生きられなくなった女性を描いたマンガ『天人唐草』（山岸凉子）の怖さが思い浮かびます）。「私が支えなければ」という懸命な気持ちが、相手をつねに「世話しがいのある」状態におこうとしかねない。

共依存と呼ばれる関係です。ケアされる状態に相手を固定化することでケアするかかわり方を続けられる。相手を思いどおりにできる倒錯した方法と言うしかありません。

ケアを仕事の不可欠の一部としている者は、この罠――「私が支えなければ」という意思が相手の「思いどおりにならなさ」を踏みこえ、結果的に、ケアされる側を萎縮させ、その位置に固定化させてしまう罠――に陥る危険に敏感であるべきでしょう。「治療的合意」抜きに医師が患者を背負うような治療について、精神医学者の中井久夫氏が述べていることは示唆的です。「こういう時は、医師は、真実にもとづかない一種の万能感を患者に与えるので、医師が万能であるとみえればみえるほど、患者は小さく卑小で無能となる」（『精神科治療の覚書』日本評論社、一九八二年、六〇頁）のだ、と。ケアを受ける側を「卑小で無能」にしてしまう支え方では、支えるいとなみはあてどなく迷路をさまようようなものとなってしまう、というのです。

支援する行為は、「相手の人生に踏みこんで何でもできるわけではない」という自覚のうえに成り立つものではないでしょうか。ケア関係のなかで支援側の役割を負う大人、教師や保育者、看護師等々、ケアの専門家とされる人たちが専門家と言えるのは、ケア関係を成り立たせるのに必要なスキルを身につけているだけでなく、誰かを支えるかかわり方が持つ、先に述べた限界を自覚しているからこそだと思います。そしてそうした自覚なしには、専門的なスキルも有効にはたらかないでしょう。ケアとしての教育にそくしてこれを述べるなら、教育の限界を自覚することが教育の出発点にある、ということです。

代わってあげることのできないそれぞれの生の重み、かけがえのなさを慈しみ受けとめることなしに、教えることも支えることもできない。人が人にかかわる核心にあるこの真実にきちんと向き合うことから、教育の仕事は始まります。支える側、教える側がどれだけ知識を持ち、情熱を持ち、ものを教えることに長けていても、それに比例して子どもが豊かに育つと決まってはいません。逆に、失敗ばかりで上手に子どもとつきあえないから子どもの人生もうまくゆかないと断定することもまちがいです。もしそう断定できるなら、未熟で失敗も多いだろう新任の教師や保育士が忌避されるのは当然になるでしょう。

「学校教育を受けたら、こんな子どもになります」といった「品質保証」のできる「教育」が、文科省などからさかんに推奨されていますが、その発想は教育の限界を自覚できない妄想と言うしかありません。勝手な妄想ですめばよいけれど、そんな妄想が政策となり、子ども自身の人生を「成功作」「失敗作」と分けてしまうのは恐ろしい事態だと感じます。子どもを育てるいとなみに欠かせないのは、そのいとなみに限界があるという自覚に立ち、思いどおりの世界を設計しようとしない知恵、それがあるからこそ私たちがたがいにつながるような「隙間」(たがいに開かれてある関係)を生み出し残す知恵ではないでしょうか。

「普通」をケアする

ケア関係は人が人のなかで生き、たがいに出会う多様なかかわりの一環に位置しています。つまり私たちの生活のなかにケア関係は埋めこまれていて、ケアを主目的とした場所だけに生まれるかかわりではありません。内容上でケアに当たるような支え合いの関係が生活のあちこちに散りばめられている例は、いくらでもあげることができます。子育てや療養について「こんな注意をしてください」と家族が専門家に求められる多くの中身がケアにあたることがらだという一事をとってみても、それはあきらかでしょう。*

このように、ケア関係がより広い生活のなかに埋めこまれている事実から、ケア的なかかわりが持つ重要な特質（重要と言うのは、ケアを専門と自認する人にとって、ともすれば見失われがちだからです）が浮かび上がってきます。

その一つは、人はケア関係のなかでだけ、そこに閉じこめられて生きているわけではなく、支え合うかかわりとはちがう世界で、ちがうつながりも結んでいること。ケア関係の内と外という境界線が一応引かれている場合――病院内外、学校内外……のように。ただし、学校という場所の内側でも、ケア関係から外れる社会的かかわりがあるから、「一応」の境界にすぎません――

＊ 家族に対するそうしたケア要求を、「家族だから配慮して当たり前」という前提で行うのは、しかし、不適切な圧力です。そうやって要求する側は、その前に、ケアの限界を自覚してもらう努力をしているでしょうか。「がんばるのはいいけれど、だから思いどおりに育つ（回復する）、そうなるよう責任を持つなんて考えなくてもいいんですよ」という助言をすっ飛ばしたケア要求は、せっかくの配慮を暴走させたり、ケアしきれない家族を絶望感に追いやる圧力になりかねません。

のほうが例外で、普通の生活では、ケア関係は性格のちがう他のさまざまなつながりと重ね合わさって存在しています。ケア的なかかわりがふくまれる教育的配慮が中心をなす学校社会*で多くの時間を過ごす子どもたちでも、この点にちがいはありません。子どもが育つ過程には、配慮されるという枠を外れ、そこからはみ出して生きる部分がふくまれていて、「育つ」とはそうして生きる全体を指しています。

ケア関係のこのような部分性を踏まえること、意識することは、子どもとかかわるケアの専門家にとって不可欠です。子どもの生活の一部にすぎない教育的領域を、それが中心でそこでのパフォーマンスだけが重要であるかのように誤認してはならないからです。また、子どもの生活全体をケア関係で覆ってしまうような錯覚に陥らないためにも、この点の確認は重要だと感じます。たとえば、保護者に向かって、「こんなふうに生活させるよう注意してくださいね」などと求めるとき、それぞれの子どもの生活のなかでケア的なかかわりがどのような位置を占めているか具体的に想像できなければまずいのです。毎日を生きるのに必死で子どもの食事にまで気を配れない子育て家庭に、ゆき届いた栄養の配慮をただ求めるだけでは、想像力が欠けていると言われても仕方ありません。ケア的なかかわりを、生活全体のなかで可能な場面に具体的におけるようにする、そうした支え方が大切だということです。

ケア関係では覆い尽くせない生活全体のあり方は、ケアする側に立つ大人についても当てはまることです。東日本大震災にさいし、子どもたちの命を守るために力を尽くして働いた保育所の経験について、ある園長さんのお話を印象深く聞いたことがあります。必死に働き続けた保育士さんたちが、心に受けた深いダメージが後になって現れる。そうさせないために、仕事を離れ、子どもがいない場所・時間をむりやりにでも確保した、という話です。生活すべてを捧げるケアに無理があることは当然で、そうとわかっていても、目の前にある子どものすがたから、「できるだけのことを」と踏んばってしまう。意識してその踏んばりを外さないと、無理が内側にためこまれてしまうのです。

ケア的な支えを専門とする職業分野では、バーンアウト（燃え尽き症候群）につながる踏んばり方を外すしくみや配慮があることが普通でしょう。そうした分野では、燃え尽き症候群への対処法が検討され案出されており、仕事との距離のおき方、感情的なのめりこみの回避法、等々が指摘されています。「患者に対して怒ってはいけない」「あまりなれなれしい態度をとってはいけない」といった「感情規則」があり、「こうした感情を制限する規則は、明文化されていることはまれ」だが、「公式・非公式な教育によって植え付けられ、職業上の規範の一部として、上か

＊　教育のいとなみ全体のなかでケア的かかわりが持つ位置や意味について立ち入った検討が必要ですが、ここでは触れられません。知識をつたえるといった場面に限ってさえ、ケアの次元が存在することを踏まえるなら、教育のいとなみ全体がケア的かかわりに浸されていると、さしあたり考えておいて差し支えないように思います。

ら下へ、先輩から後輩へと世代を超えて伝えられてい」く（武井麻子『感情と看護　人とのかかわりを職業とすることの意味』医学書院、二〇一一年、四二頁）看護師の例のように。

感情のこうした「抑制」は、感情の表出をともなう仕事だからこそ生じる問題です。「保母として勤め出してしばらくしたころでした。一日の仕事を終えて家に帰ると、頰の筋肉がこわばっていることに気がついたのです。一日中笑っていたせいでした」（同前、三六頁）という体験には、感情をうまく「管理」することの難しさが示唆されています。子どもと一緒に笑い合うつながりには、ケア的なかかわりとそれよりも広い生活世界のつながりとが混在しているからです。分離できない混在を承知しながら、ケア的かかわりを離れた世界を維持することは至難のわざに思えますが、だからこそまた、ケア的なかかわりだけを肥大化させないための技法が追求されているのです。

専門的に支援にかかわる人々にくらべ、踏んばりを外すことがさらに難しいのは家族の場合でしょう。子育ての領域でも、「親だから、家族だから」と、子どもへの配慮、支援がいとも簡単に要求される一方で、ケア的かかわりが及びにくい事情、生活全体への目配りは不十分です。「できれば子どもによくしてあげたい」という気持ちは保護者としての家族の生活をケア的かかわり一色に染めあげる強力なエネルギーであるだけに、踏んばりを外すためのさまざまなしくみは、専門的な支援者以上に必要と言えます。高齢者介護の分野で、親子心中にまで介護する子を追いつめる昨今の介護政策（というより介護無策）は、こうしてはいけないというお手本です。

子育て家庭の貧困を解消する支援対策が法律化されたにもかかわらず、実効性ある具体的な取り組みがなされない現状は、疲弊する家族に「もっと踏んばれ」と追い打ちをかけています。それがケア的かかわりの理念とかけ離れたものであることはあきらかでしょう。場面に応じた濃淡のちがいはあっても、ケア的なかかわりは社会生活の全領域に及ぶものであり、家庭生活に閉じこめてはならないのです。ケアを考えることは、その意味で、社会のあり方を考えること。ケア的かかわりの特質をあきらかにする作業は、社会理論の領域に必ず入りこんでゆきます。

ケア的かかわりを生活全体の広がりのなかにおき直す視点は、ケアの難しさや効果の少なさを強調しているように映りますが、そうではありません。子どもの行動に危険を感じて思わず口を出す状況（ケア的にかかわる状況）からわかるように、生活のさまざまな場面に顔を出す（顔を出せる）ケア的かかわりの融通無碍な性格は、ケア関係の豊かさ、可能性を示しているのではないでしょうか。ケア関係が社会生活のどんなつながりにも浸出できることは、言い換えれば、いつどこで誰が助けてくれるかわからない、わからないけれどその可能性はある、ということなのです。場所も状況もちがうところに顔を出す多種多様な支援に整合性が欠けている、体系的になっていない……といった問題があるにせよ、それらの支援一つひとつが、いわば「○○支援センター」というケア関係専門の舞台に限られず、その外側にも存在すること——それは決してまずいことではないはずです。

子どもの教育をめぐっては、いじめなど、特に大きな事件が報じられるたびごとに、さまざまな分野からの論評が寄せられます。医療分野で医師に口出しすることの難しさとくらべ、教育についてなら、教師にも学校にも簡単に文句が言え、批評できてしまう。保育の分野でもほぼ同様でしょうか。子ども、少年少女の問題には誰でも意見が言いやすく、それだけ、そこでのケアの専門性が軽視されているように感じられるかもしれません。実際、教育・保育現場の実状を無視した非難などが浴びせられると、「何が大切かも知らないで」と反論したくなることもあるでしょう。

ですから、もっと専門性を尊重してほしいという気持ちはよくわかります。わかりますが、多方面からの意見が集まることは、子どもの育ちにかかわる分野の特性として当然であり、悪いことでもないと思います。子どもの成長にかかわる分野の特性と述べたのは、すべての子どもたちを対象とし、社会人として生きられるよう支えること、いわば「普通をケアする」ことが求められているからです。この特性からして、教育について多くの人が口を出せると感じ、口を出すのは不思議ではありません。

医療、介護等の領域でのケアについても、何か特定の困難に焦点を合わせるものとだけイメージされるのは、疑ってみるべきでしょう。ノーマライゼーションという観念は、障がい者でも健常者と同様に社会生活をおくれるような環境を整えることだと説明されます。しかし、誤解してならないのは、障がいというかたちでの社会的不利を解消するとは、すなわち社会の側を普通にすることだ、という点です。社会的引きこもり者の支援を、引きこもっていた人を社会生活に

「復帰」させることと考えるのは単純すぎます。それでは、引きこもり者が「戻る」社会のほうは全然変わらない。ハードルを越えなければならないのは、つねに、社会から何らかの事情で「こぼれて」（こぼされて）しまった側です。そうではなく、引きこもっている人が生きてゆけるよう社会のかたち（普通の社会）を変えてゆく視点が必要なのです。

以上の意味で、あらゆるケアは「普通をケアする」ことと言えるでしょう。そして、そうであるなら、ケア的かかわりは、対象となる誰かへのかかわりであると同時に、社会を、上に述べた意味で、いかにして「普通」にするかという、社会へのかかわりをふくんでいることになります。

人間らしく生きられる場をつくることも、社会人として生きる「力」を培うことも、学校など教育的かかわりを専門とする機関のなかだけに尽きるものではありません。これらの課題が教育という仕事の根幹をなしているとすれば、この意味での教育は学校や教師の独占物ではないのです。この点をしっかり自覚することは、教育に携わる者にとってもっとも重要だと思います。「人間らしく生きる」ことの専門家などいません。社会人としては教育者とて一つのモデルにすぎません。学校や各種の教育的機関の外側でも、親はもちろん、時には思いもよらぬ人たちが子どもたちの教育に実質的に携わっているし、子ども同士の関係の内にも教育的はたらきがひそんでいます。人間としての尊厳を踏みにじってしまう現実もたくさん存在すると同時に、そのなかで懸命に人間らしい生き方を支え合うつながりも活きているのです。

教育・養育の専門性とは

子どもたちが育つとは、そうした複雑なはたらきかけの網の目をくぐって生きることであるから、学校や教師だけが教育に責任を持つことなどそもそもできないのだ——私はそう考えています。子どもたちの生活を、いわゆる教育的環境のなかにすっかり囲いこんで育てればよく、そうすれば一人前の社会人に育つと考えるのは幻想にすぎません。現実の子どもたちの生活は、学校という教育的環境のなかでさえ、そうした想定からはみ出しています。その「はみ出す」部分を、「思いどおりにコントロールできないからまずい」と考えたとたん、あの、相手を思いどおりに動かそうとする関係の罠にはまってしまうでしょう。子どもたちが教育的世界の外でも生きていること、そうした生活の場（ネット社会の浸透によって、子どもたちの生活の場はこの十数年の間に飛躍的に拡大しています）では、教育的環境ではブロックできる困難、トラブルが存在すると同時に、その場にそくしたケア的かかわりの可能性もまた存在すること——いわば教育の外側の世界へのそんな想像力と視野とを持つことが、子どもの成長にかかわる専門家には必要なのだと思います。

「私は理科を教える専門家として教師になったので、そこからはみ出すような配慮を要求されても困る」といった戸惑いがあるかもしれません。「子どもたちにつたえるべき、そして自分がつたえることのできる知識を、わかりやすく教えること以上に教師ができることなどない」という考え方です。

教育者の使命についてのこの主張には、いわゆる「教育熱心」なかかわり方に反省を促す大切な戒めがふくまれています。教師ができることには限界があること、教育的かかわりの「技術」には責任が持てても、それを超えるケア的かかわりを、教育技術と同様には扱えないこと――そうした認識が言外に示されているからです。ケアの限界を自覚的に述べているわけでないにせよ、自らの専門性の限度をよく知っていて、プロフェッショナルに徹する態度が表明されているのです。子どもの側からすれば、そういう自覚に立つ教師のほうが、ケアの限界を踏みこえて相手の生き方をあげつらい、しかもそんな自分の振る舞いが持つ図々しさに鈍感な教師よりもずっとましに感じられます。*

ただし、教育専門家のあり方についての右の主張を、知識伝達のいわばマシンに徹する必要を述べたものと単純化してはならないでしょう。「自分につたえられることだけをしているのだ」

＊　近年の若者向けポピュラー・フィクションの世界では、わかりやすく伝統的な「熱血教師」像に対し、最初から醒めていて、突き放した態度で生徒に接する教師像が多く描かれているようです。これは、一面では、現在の学校がケア的かかわりを忌避し排除している現実の反映であるように思えます。しかしまた、そのように醒めた関係のただなかに、意外なかたちでケア的かかわりが出現してしまう、その繊細なかたちが描かれていることにも注目したいと思います。ケアの限界を自覚しながらかかわる仕方が追求されていると言ってよいからです。

という限定を設け、知識だけをつたえているつもりでも、そのやりとりのなかにさえ、ケア的かかわりは入りこんできます。たとえば、「ここのところが大事だからね」という一言には、知識内容の重要度をつたえると同時に、「うっかり聞きすごして、後で後悔するんじゃないよ」とか、場合によっては、「私の言うことにいつも注意を払うように」といった言外の服従要求とかがひそんでいるのです。

知識伝達のプロフェッショナルとしてどれだけ自分の役割をその範囲だけに限定しようとしても、教育者はティーチング・マシンにはなれません。たとえ限定的なかかわり方である教育関係の場合であっても、人が出会い、ともにいる関係の一つであることに変わりはないからです。教師が完全なティーチング・マシンになれるのは、教える対象が完全なラーニング・マシンであるときだけです。それゆえ、ティーチング・マシンになろうとする努力は、ラーニング・マシンをつくり出そうとする作業になってゆきます。しかしそれは無理というもの。人は自分の一部を道具化して生活をラクにすることができますが、おたがいの関係をすべて、どこまでも道具に徹して振る舞うことはできません。

ごく単純な情報のやりとりでさえ、人工的な合成音のそれと人間同士のやりとりがちがってしまうのは、人がたがいにかかわること、その場にともにいることが持つ難しさが、そしてまた豊かさがあるからです。たがいの意図や役割の限定をはみ出してつくられるかかわり、つたわってしまう意味の広がりがあること——それを知っていて、それだからこそ、「ここまでが私の守備範囲」という限定が役に立つ。限定したからといって、たがいのかかわりはその範囲にとどまるわけではない。その理解が、「自分は相手を導ける、人格的に上位の存在だ」という思いこみを戒めてくれ、また同時に、そうやって自覚的であろうとする関係のどこからでも、はみ出したかかわり方が出現することをわからせてくれます。こうしたかかわりあいの深い含意について、中井久夫氏の言葉をもう一度引いてみましょう。

「複数の人間によって構成される『社会』の人間関係は、いっそうの『ふくらみ』を持っている。言語が人間を人間たらしめる上で大きな役割を果たし、また果たしつつあることは事実だが、しかし、逆に、人間の社会は、ことばの信号をかわしながら暗夜の海をゆく船団のようなものではない。ひとびとが交わしうるものは、はるかにいっそうゆたかなものであり、ことばは、詩人のいうように、ことばの意味が相手の表面的な意識に働いて、それを油断させているうちに、ほんとうのものが相手の心の奥底へ忍び込むといった役割を果たしている場合が多い」(『関与と観察』みすず書房、二〇〇五年、一五八頁)

誰かに声をかけられることが沈んだ心をふっと上向きにさせ、たまたまのやりとりが苦しい折に心に甦る――「ほんとうのものが相手の心の奥底へ忍び込む」そんなはたらきが、ケア的かかわりには備わっており、あらかじめ意図しない関係のなかにも、そうしたはたらきを呼び起こす可能性がたしかに存在している。そう考えると、逆説的ですが、教育がうまくはたらいているとすれば、それは、教育する側が意図したとおりの過程、結果からはみ出す部分が必ず存在しているから、そしてそのはみ出すかかわりが教育の場から排除されていないからだと言えそうです。

5 子どもの生きる場をとらえ直す

学校中心主義が見失うもの

子どもたちの成長に多様な人々がかかわること――もちろん、子ども同士の関係もその重要な部分です――がケア的かかわりの広がりと豊かさを生み出すうえで重要であることを述べてきました。子どもを育てる専門的な機関や場は、したがって、ケア的かかわりの可能性を広げるという意味で、開かれたものであることが大切です。そう考えると、子どもの成長にかかわる専門的機関は、その外側にたくさんのケア的かかわりを生み出す触媒としての役割をになっていると言えそうです。どれだけ多くの、多様な人たちのケア的かかわりを生み出すことができるか、そのためにどんなはたらきかけが必要かを考えることは、教育に携わる専門家に不可欠の仕事だと思います。子どもの生活にかかわってもらえる人たちに、いわば喜んで口を出してもらえるようにする仕事です。

学校という場所が、そのように、さまざまな人々・団体とのかかわりを育てられず、逆に、それらの人々を締め出してしまうとすれば、それは大変に残念なことです。地域社会のなかで学校が果たす役割は、戦後教育の歴史を振り返ると、さかんに論じられてきました。学校と地域社会とが深い結びつきを持ち、子どもの生育環境を支えた実践例もたくさん蓄積されています。しかし、いま、学校という社会が外部と切り離され、その結果、子どもの生活がその場その場の課業に切り分けられ、分断されるようになってはいないでしょうか。学校のせいばかりとは言えませんが、塾や習い事など、一人ひとりの子どもが個別のスケジュールにそって生活する仕方が一般化し、ケア的かかわりの横断的つながりのほうは薄くなっています。学校ではなく塾の場で子ども同士がつながるといった例はありますが、スケジュールあわせをしなければ一緒に遊ぶこともできず、友だちの家を訪れる機会も、学年が上がるにつれ少なくなっています。「学校は決められた時間で勉強させておけばよい」という「役割分業」——その勉強さえ、ついてゆけない子はおきざりにするスケジュール管理がすすんでおり、塾や通信教育による第二の学習時間によって補完されないと落ちこぼれてしまう実状になっています——が強まれば強まるほど、ケア的かかわりはやせ細ってゆくしかないでしょう。

子どもの生活のどんな場面からでもケア的かかわりは出現すると述べました。しかし、それらのかかわりを力あるものにするためには、それぞれのかかわりをつなげてゆく機会や場そして考え方（発想・アイディア）が必要です。機会や場といっても、前に触れたように、「子どもケアセンター」のような組織、施設をつくり、そこにみんなが集まればよい、ということではありません。集まる場所があることは、ないよりもはるかに大きな力になりますが、そういう場が、その外側にケア的かかわりを生み出せる魅力的な触媒となっているかどうかが重要なのです。そうした視点がないと、もしそのセンターが閉じてしまったら、とたんに、ケア的かかわりがなくなる危機に陥るでしょう。すぐれた活動が一つのセンターに集中していればいるほど、この危機は深刻になります。「そこへゆけばたいがいのことは何とかなる」カリスマ的なケアの場よりも、不足はあっても少しは救われるケア的かかわりの場が生活のなかにぽつぽつとでもあったほうが、たぶん、子どもたちの生きる場は安定する。いろいろな問題を抱えながら生きてゆける小さな、しかしアクセスもしやすい場所がつくられるから安定する、ということです。もちろん、集中的ケアの場が持つ緊急避難の役割は否定すべきではありませんが。

子どもの成長過程、生活環境に生じる種々の問題について、学校が何でも解決できるようにする、学校だったら何でもしてくれる……といった目標、期待は持つべきでないし、そうはできません。そうではなく、大切なのは、地域社会に潜在するケア的かかわりが交差し交流できるような場であるかどうかです。たとえば、学校にもっとも近いケア的かかわりの場である学童保育での子どもたちの生活は、学校生活とどのようにかかわっているでしょうか？　学校はそのつながりを、学童保育での子どもたちのすがたをどれだけつかんでいるでしょうか？　子どもの生活を支えるという共通の関心に立って、どのような連携がすすめられているでしょうか？

学童保育を例にあげたのは、そこに通う子どもたちの現実にそくすなら、学童保育を無視した学校教育は成り立たなくなっているからです。学校にいる時間よりも長い時間を学童保育で過ごす子どもたちの生活*について、「学校の外のことだから」と知らずにすませられるものではありません。家庭での子どもの生活については、学校からさまざまな伝達や要望、指示がされています。その中身が適切かどうかはともかく、少なくとも、学校外での子どもの生活に無関心ではいられないことがわかります。では、学童保育はどうなのか。そこに関心が向かないとすると不思議です。

放課後の子どもたちが過ごす生活の場である学童保育では、ケア的かかわりが場の正面にすわり、子どもたちが引き起こす種々の問題が主題として受けとめられます。そのさい、学校生活はどうなのかも、問題を考える不可欠の一部であることは当然でしょう。子どもの生活はつながっているのだから、学童保育の場はその場かぎりのこと、というわけにはゆきません。ですが、学童保育の側から学校という場での子どもたちについて情報を得るのはなかなか難しいようです。ケア的かかわりの横断的なつながりを広げる課題は、個々の教師や指導員の努力だけでは解決できないことがらで、学校がどう開かれているかが、やはり重要なのだと思います。

学童保育について言えることを少し広げてみましょう。子どもたちが通っている習い事の場や塾等々と学校とはどうつながっているでしょうか？　つながると言っても、学校教育の規制を緩め、塾と学校とを相互乗り入れさせるような自由化のことではありません。子どもが生きている世界全体に潜在的にあり、また顕在化してもいるケア的かかわりがどのように関係しているか、という問題です。クラスでは友だちづきあいもなく孤立しているようでも、スイミング・スクールでは仲良く遊ぶ友だちがいるかもしれない。逆に、学校の外でのつきあいが心に突き刺さって苦しい思いをしているかもしれない。ネットを介したつながりが小中学生の日常にまで及んでいる現在、ケア的かかわりがカバーしなければいけない生活範囲は、親の代には想像できぬほどに広がり、同時にまた、ケア的かかわりが生まれる可能性も広がっています。そうした状況と無縁に学校という社会が存在することはできないのです。

学校が開放的であるべきことを特に強調するのは、「子どもの教育は何といっても学校が中心だ」とする学校（教育）中心主義が、日本社会に根強く存続してきたから。「子ども時代の大半は学校で過ごし、学校生活では勉強が中心」という長く続いてきた学校像は、子どもの成長を左右するのは学校教育で、学校生活を大過なく過ごせることが順調な社会生活に入る出発点で基礎

＊　すでに、小学校低学年の場合、学童保育で過ごす時間のほうが小学校より年間五一〇時間も多いといいます。増山均「現代日本社会と学童保育」（日本学童保育学会『現代日本の学童保育』旬報社、二〇一二年、所収）。

なのだという信念を培ってきたと言えるでしょう。しかし、子どもの生活上、生育過程上で生じる多方面の問題、とりわけケア的かかわりが中心となる問題は、教え・学ぶ教育関係中心の学校社会では、ともすれば学校生活の副次的で阻害的な要因とみなされてきたように思えます。

　もちろん、生活教育を掲げる教育思想とこれにもとづく教育実践はたくさんあったし、生活指導という分野も学校教育に位置づけられていますから、学校がケア的かかわりを排除してきたとは言えません。生活指導（指導という言葉は、普通の感覚からすると、上から導く、もっと言えば従わせるというニュアンスが強く、ケアという語感とはかけ離れた感じがしますが）の分野では、子どもたちの生活現実に立ち入り、そこに社会を成り立たせようとする豊富な試みが続けられてきたのも事実です。とはいえ、そうした貴重な努力も、中心となる教育関係を支えるための、いわば教育環境整備のように位置づけられ、ケア的かかわりを主題とする学校生活、学校教育のあり方が正当に認められたとは言いがたいのです。そのことは、たとえば、「保健の先生」が思春期の少年少女にとって死活問題と言えるような困難、成長の主題に取り組んでいるにもかかわらず、その位置は、依然として、教育の縁の部分、勉強に支障がないよう「面倒を見る」場面に限定されているように見えます。

　学校（教育）中心主義は、このように、学校という場に見え隠れするケア的かかわりの意味・意義を低め、これを主題とした学校社会の組織を教育の課題から遠ざけるはたらきをしています。ですから、学校（教育）中心主義が支配的なところでは、学校外に広がっている多くのケア的かかかわりの存在、その可能性が見にくくなるのは当然です。

現在の学校がケア的かかわりの領域横断的なあり方に疎いのは、ケア的かかわりの一方の当事者、にない手である教員が日々の学校業務に追われ、ケア的かかわりに不可欠なゆとりを奪われていることにも原因があります。現在の教育現場は、小学校から大学まで、過重なスケジュールの下で「余計なこと」を考えさせず、目標管理という手法で「何をどこまで達成できたか」細かく管理される場所へと変質しています。しかも、臨時教員、非常勤教員といった膨大な非正規教員なしでは、そうした教育、学校さえも、まともに維持・運営できないのが実態です。*学校社会にもケア的かかわりの場があるし、なければならないのですが、こうした実態を踏まえれば、ケア的かかわりの場を保障することがいかに困難か理解できるはずです。「いじめを見逃してはいけない」という指示を下すのは簡単ですが、学校教師の身も心もがんじがらめに縛りつける学校組織のあり方をそのままにして、いじめを見逃さないかかわり方が育つとは思えません。上からもう一つ課題を押しつける結果に終わるだけではないかと恐れます。

＊ 非正規職員が増えているのは保育の現場でも同じです。公立保育所では非正規雇用の保育士が半数を超えていると言われます。低い処遇の職員だからケア的かかわりを要求されないかといえば、そうではありません。

ケア的かかわりが出現する場

このような状態を脱してケア的かかわりの広いつながりを活かしてゆくにはどうすればよいでしょうか。

学校（教育）中心主義という眼鏡を外して考えてみましょう。ケア的かかわりはそれが生まれやすい場所ですがたを現します。当たり前すぎて「それだから何？」と言われてしまいそうですが、かかわりの場に優先順位があらかじめついていない点を確認してください。「それは学校で（家庭で、学童保育で、スポーツ少年団で……）相談してみたら」という「たらい回し」はダメということも。問題が浮かび上がってきた場所が、すなわち、かかわりの初発の場なのです。解決したい問題にぶつかっている側がその問題を表に出しやすい場、機会、回路が重要なのであって、優先すべきは、子どもたちの側のそうした事情です。

たとえば、学校でのいじめの問題が学童保育の場で表に出たとして、「それは学校のほうで処理すべき問題なので、まず学校に知らせてもらわないと困る」と反応するのは身勝手で愚かな振る舞いです。見えていなかったいじめの問題を浮かび上がらせた「場」の特徴や力に眼を向け、他の場所ではなぜそうできなかったのかを考えることのほうがずっと生産的なはずなのだから。もちろん、学童保育だからそうした力を備えているということではありません。問題がどこに現れるかは、あれこれの問題に応じて対処する場があるかどうかで、ましてそれぞれの場の都合で決まるのではなく、思い悩んだ当事者が話をぶつけやすい場、状況がどのようにあるかに左右されるのです。

職業や役職に関係なく、ついつい、いろんな話を向けてしまいたくなる人がいますね。聞き上手などと言われますが、要するに、相手のさまざまな思いを受けとめることに長けた人、他では言えないこともその人には話せる、悩み事などの「噴出口」になれる人と呼べるでしょうか。話をよく聴くというこのはたらきが持つ力については、看護、介護などケアの専門分野でも、哲学、社会学、心理学などの学問分野でも多くの考察がなされています。もちろん、保育、学校教育などの分野でも、子どもたちの声をいかに聴きとるかは、実践的に重要な研究対象とされてきました。ケア的かかわりを考えるさいに、さらには、社会をつくるアートの課題を考えるさいに外すことのできない、「聴くこと」の意味については後で触れたいと思いますが、ここでは、「話しやすさ」「問題の出しやすさ」が決して一律でない点に注意してください。

「話しやすい人」というと、「話しやすさ」はもっぱらその人の資質、能力に関係しているかのように思えますが、それはちがいます。聞き上手な人がいることは確かで、何となく無愛想な私などとくらべるとうらやましいかぎりですが、その「聞き上手」をすべて能力に還元することはできません。他の人がみな、「話しやすい人だよ」と言っても、「私、あの人はどうも苦手なの」ということがありますね。人のかかわりは相互的なものなのだから、たがいに相手がどんな人かによって「話しやすさ」の度合いがちがうのは当然でしょう。うつ状態で苦しんでいる人が、応対したカウンセラーに会うなり、「元気いっぱいの顔つきで、どうしました？　なんて訊かれただけで情けなくて何にもしゃべれなくなる」といった場合、たがいの気分や感情の具合が、話しやすさ（問題をその場に上らせる難易度）を左右しています。

その場の雰囲気によって、同じ人と話すのでも、話がはずんだり、逆に堅苦しくなったりする経験は、たぶん、誰でも持っていると思います。状況次第で「話しやすさ」「問題の出しやすさ」は大きく変化します。友だち同士のおしゃべりは気軽にできるけれど、そこで話題に上ったことを、たとえば職場の会議などで同じように気軽に話せるとはかぎりません。公的機関の懇談会といった「堅い」集まりの場で、司会者が「どうぞ忌憚のないご意見をお出しいただくようお願いします」と、水を向けることがありますが、さあ、それで次から次に意見が出てくるかというと、どうも怪しいのでは。出席者がそれぞれ肩書きを背負っているような集まりでは、なおさらそうです*。いくら無礼講と言われても、言われたことがら次第で怒鳴り出すかもしれない上司の前で、思うとおりのことを言えるはずはありません。

個人個人の受けとめ能力を問題にするより、その場を、話がしやすく、問題を持ち出しやすい状況にすることのほうが、たぶん、考えやすく工夫もしやすい。すぐれた聞き手を見つける、育てるしかないとすれば、ケア的かかわりの間口はぐんと狭くなってしまうでしょう。そういう努力も必要だけれど——たとえば、電話相談に当たるボランティアへの研修のように——、その場の雰囲気が訪れた人をラクにさせ、他者がいるからこそ問題を持ち出せるようであれば、能力のある受けとめ手をあらかじめ準備せずとも、ケア的かかわりは出現しやすいのです。旅先で温泉につかりながら、見ず知らずの人といつのまにか持病の話をしているといったシチュエーションでの温泉が、たとえば、かかわりをつくる「場の雰囲気」です。**ワークショップなどで初対面の者同士が気軽に交流できるようにするための手立てをアイスブレイクと言います。雰囲気を和やかにして話しやすさを高める手段です。アイスブレイクがアイスブレイクにならず、無理して和まなければいけない雰囲気になってしまうと、ちょっとつらいものがありますが。

その場がケア的かかわりに開かれている状態は、こう見てくると、誰もが具体的によく感じとれるのでは。そして問題なのは、そういう場がイメージでき、その意義も認められているのに、実際にはケア的かかわりが出現しにくいこと、それどころか、すでに述べたように、それぞれの

*『SRサイタマノラッパー』(入江悠監督)という映画を想い出します。行政機関の集まりで、「若者の意見を忌憚なく聴く」ためにラッパーの若者を招いて話を聴くシーン。「忌憚なく」と言われたって、ラップのラの字も知らず、関心がなさそうな出席者に、何を話せって? 仕方なくぼそぼそつぶやくのを神妙に、おじさん、おばさんたちが聴いているすれちがいぶりが抱腹絶倒でした。

** 人をたがいにかかわりやすくさせる場のことをコンタクトゾーンと呼んでおきます。ダナ・ハラウェイという人の、人間と動物(犬)との出会い方にかんする研究(『犬と人が出会うとき 異種協働のポリティクス』高橋さきの訳、青土社、二〇一三年)から借りた言葉です。人をすれちがえさせる場・環境と対照的なコンタクトゾーンはどのようにつくられているか、後で考えてみます。

人が抱えている困難をその人の内側に閉じこめ、相手にしない社会的圧力が強くはたらいていることではないでしょうか。ケア的かかわりが不可欠な教育の場が触媒の役割を果たすべきだと述べたのは、そうした現実を踏まえた新しい学校像、教育像が必要ではないかという問題提起をこめてのことです。

この節の最後に、地域社会に潜在するケア的かかわりをどんどんと広げていった、ある保育園の例をおつたえしましょう。保育園のバザーといえばどんな集まりか想像がつくと思いますが、その保育園の「保育祭り」には、保護者や職員の枠をはるかに超え、三〇〇〇人を超える人たちが集まってきます。大工さんが舞台をつくり、農協青年部の人が野菜を出品、市場からはサンマが、といった具合で、大学生が出し物を披露し、飲食店のプロの方たちも加わるという一大イベント。一つの保育園の催しとはいえ、そうなるともう、みんなが参加できる地域に欠かせないお祭りになっています。なぜそんなことができたのか、いや、起きてしまったのか?

人から人へ話が広がっていったからです。あらかじめ計画して申し入れたのとはちがいます。茶飲み話の折、酒飲み話の折に、たとえば、子育てや子どもの問題が、保育園とは関係のないところでも話題に上り、相談に乗っている人もいることがわかった、といいます。個々には存在していても、保育園には見えない、そして、それぞれのつながりもなかったケア的かかわりのすがたが、そうやって浮かび上がってきます。「だったら、一度、園の催しにも来てもらえる?」というつながり方が広がって、「保育園のあの集まりなら気楽に行けるよ」と話がつたわり、「そこに行けばいろいろ気軽に話ができ、遊べる場」として、「保育祭り」が成長していった、というわけです。この経験から汲みとれる大切なポイントは、「みんなが集まって大きな催しを成功させよう」というイベント優先の発想ではなく、それぞれに子どもとかかわりのある人や小さな場が発見され、それらの力が活きるつながりの追求です。保育園とそこでのイベントは、そういう追求が実を結ぶ触媒の役割なのだということ。この点をとりちがえると、イベントに集まってもらうのが先で、ケア的かかわりの可能性を広げる視点が見失われてしまいます。

多様な場・多様な人・多様なモノサシが支えている人間の生

ケア的かかわりの融通無碍な力は、つまるところ、人が他者と出会うときの「思いがけなさ」、そこで何が生まれ、どのような関係に発展するかわからない意外性（可能性）に由来するものです。ケア的かかわりにかぎらず、人が誰かとかかわりあう場に生まれる「思いがけなさ」が、社会をつくる可能性にうまく結びつくためには、多様なかかわり方が保障されねばなりません。学校のように子どもとかかわる専門的な組織のなかでも、多様なかかわり方を保障することは、意識的に追求されるべき課題と言えます。いちいちそう考えなくても、複数の人間が仕事をしているのだから多様なかかわり方は保障されるはず、と安心するのは早計です。

たしかに、軍隊のように外からの規律を一人ひとりにきびしく当てはめ、がんじがらめに縛るような組織であっても、そこからすり抜けるようなかかわりを完全になくすことはできないから、押しつけられた振る舞いからずれているという意味での多様性は、人が集まる場所に必ずあるといえばそうです。そしてそれが一律の振る舞いを強制された組織で過ごす者にとってのわずかな救いになることも事実です。しかし、同じやり方、振る舞いの強要からどうしてもはみ出す「多様性」があることと、多様なかかわり方が保障されることとはちがいます。どんなに細かい校則の下で過ごしても、子どもたちはそこに当てはまらないわずかな隙を見つけるものですが、そうした「自由」と、校則で生徒を縛らない自由とではまるでちがうように。ここで問題にしたいのは、後のほうの意味での多様性です。

では、その場合の、「多様なかかわり方」とは何でしょうか？

すぐに思いつくことは、ケア的かかわりの回路を豊かにするために多様な場が用意されていることです。学校の保健室は授業の場である教室とはちがう場で、そこで想定されている関係も教室のそれとはちがうはずです。また、部活での関係は、大人の指導者と生徒との関係だけでなく、異年齢の生徒間のかかわりが強くある点でも、教室内の関係とちがっています。おなじ学校生活のなかでも、このように異なる場があり、文化祭や体育祭、修学旅行など、学校行事に組みこまれたイベントによっても、異なる場が生まれます。そしてそうした場のちがいが、異なるかかわり方を生む環境になるのです。もちろん、そうした場の変化は、新たなケア的かかわりをもたらすだけではなく、逆に、いじめのような暴力的関係の引き金になることもあります。修学旅行にさいしてのグループ編成が、誰かを孤立させる「絶好の」機会となってしまうように。多様なかかわりを抑えつけずに暴力的関係を防ぐ課題については最後の章で考えます。
同質的に見える教室という場さえも、そこに、普通の回路とはちがう場をつくることは可能です。教室の後ろに畳があり、そこで寝転がれるとしたら、教室内でのたがいのかかわり方もずいぶんちがって感じられるでしょう。実際、畳にすわって話すだけでも教室の様子が変わることは想像できるはずです。そんな教室はないと決めつけるなかれ。フランスのフレネ教育と呼ばれる教育実践例では、教室の後方が工房のようになっていて、印刷や工作のための場になっていました。

ある場所をケア的かかわり、教育的かかわりが出現しやすい場にすることは、その場全体を、「面倒を見る」「教える－学ぶ」関係として一律にすることを意味しません。教室の場で「この問題に答えて」と指名されるようなやり方が学校の外でやられたら、身の縮む心地になる人がきっといるはず。そうではなく、思わず何か聞いてみたくなる場とは、さまざまな人が心に浮かんだ疑問に身を乗り出しやすい雰囲気（回路）が備わっている場ではないでしょうか。人と人とが出会うことの意外さ、あらかじめすべてを予測できない面白さを、「いまは勉強する時間だから」「ここは話を聞く場だから」等々の理由で一律に抑えつけてしまうなら、教室のなかでだって芽生える多様なかかわりの可能性を殺してしまうことになるのです。

かかわり方の多様性、多様な回路で人が人と出会うことの重要さが確認できるならば、そこからすぐさま出てくるもう一つの結論があります。教育、子育て、保育……要するに、子どもたちが育つ過程にかかわる大人は多種多様であるのがよい、むしろそうでないとまずい、ということです。幼児虐待の悲惨な事件が後を絶ちませんが、報道に触れるたびに感じさせられるのは、父母とのかかわりのなかにだけ閉じこめられ、孤立した密室状態で子どもに暴力が向けられることの哀しさです。何が哀しいかと言えば、子どもが生きている場にさまざまな「大人の手」（支援）が入らないこと。その事情はそれぞれにちがうかもしれませんが、誰か別の人がもしかかわることができていたら、ちがう結果になったのではと想像することしばしばです。

保育、教育、養護施設等、子どもの成育を支える専門家は、そもそも、家庭の親子関係に対し、そうした「ちがう大人の手」となる位置にあります。「ちがう大人の手」である養育専門家が、子どもたちとのかかわりで多種多様な大人として現れないとすれば、そこでもやはり、親子関係と異なるとはいえ、孤立した密室状態が生まれないとはかぎりません。実際、子どもに対する理不尽で残酷なハラスメントは、学校現場で広く見受けられる現象です。二〇一二年以降、体罰を理由として処分を受けた教員は急増し、一三年度は四一〇〇人に達しています。*「死ねと言われたら死ねるか」と詰問し、「死ねます」と答えさせるような指導がまかり通っている現実は、**教育現場に密室状態が生まれ、そこで子どもが追いつめられてゆく事態を示しているのです。

これほどひどい例を知ると、子どもの養育にかかわる専門家だからといって信用できない。教室に監視カメラをつけ、子どもにどう接しているかいつでも見られるようにしたほうがよい、といった気分に駆られるかもしれません。でもそうなれば、たがいの関係は再び、あの、かたちだけは人間同士だが、いつでもすれちがってしまう関係へとすり替わってしまうでしょう。前に述べた学校内の監視カメラが、子どもだけでなく教師も見張っている、どんなときも自分たちをそうやって眺めている「ギャラリー」のことをまず考えなければ、相手に向かい合うことができない関係です。このように、相手が何を言うか、何をするかわからないから監視する、たがいの手が届かぬ距離の防護装置をつける……と考えてゆくと、空恐ろしい孤立型の「社会」が出現しそうです。ＳＦのように思えますが、私たちの社会は、かなりの程度そんな方向にすすんでいるように思えてなりません。それが徹底すれば、そんな世界を社会と呼ぶのも、実はおかしい。繰り返し述べるように、社会とは、たがいに見えない部分があり、意外性を必ずふくむ関係で成り立っているからです。

＊　そもそもこのように急増したのは、大阪市立桜宮高校の体罰事件がきっかけで、それ以前の年間四〇〇人程度という数自体が怪しく、暗数が膨大に存在していたと考えられます。

＊＊　池谷孝司『スクールセクハラ　なぜ教師のわいせつ犯罪は繰り返されるのか』幻冬舎、二〇一四年、で触れられている事例です。中学校の部活指導で、指導者が女子生徒に、「自分の前で裸になりきれてない」と怒り、「服、脱げるか?」と追いこんで服を脱がせ、言うがままにさせた挙げ句の言葉です。唖然とするほかないこうしたハラスメントが、教師と子どものあいだでいまも生まれていること、しかも被害者である子どもたちがそれを表に出し訴えることが途方もなく困難であることを、この本は克明に報告しています。

監視する・監視されることで密室状態を防ぐやり方がまずいとすれば、教育の場であっても、大人と子どもの多様なかかわり方を実現することで、関係の「独占」を防ぐやり方が考慮されるべきですが、これにはすぐに反論が出てきそうです。「あれこれちがう大人（教師）から子どもが指導されては一貫性に欠ける」という。また、「学級を運営する教師の自主性が発揮されなければ、子どもたちとの信頼関係が築けない」という。

たしかに、現在の学校現場は、企業組織と同様に、上意下達のしくみが徹底しており、監視カメラはなくとも、がんじがらめに教師の言動を縛る世界になっています。人はマシンにはなれないと書きましたが、プログラムどおりに動かないと不良品扱いされ非難される点では、むりやりマシンになれと言われているようなものです。これが学校という社会での多様なかかわりを阻害することはあきらかです。教育者・養育者の自主性が大切なのは、自主性を保障することが子どもたちとの多様なかかわりを生み出すからで、受け持つ学級でのかかわりを教師が独占できるからではありません。

多様なかかわり方と言っても、専門的な養育・教育の場で教師一人に子ども一人というくらいに教師の数が多ければ大丈夫というわけではありません。学級人数を増やそうという「政策」（財政上の理由であり、教育に必要なことは何かという視点などまったくありません）さえ持ち出されているのだから、そんなことは無理と言いたいのではなく、教育者の数が多いというだけで多様なかかわり方が育つのではないからです。それぞれの教育者の「特性」（と大まかにまとめておきますが、たとえば、経験の浅さ深さ、年齢のちがい、バックグラウンドのちがい等々をふくんでいます）をはじめ、接し方、見ているところ、受けとめ方……など、多様なかかわり方を支える各人のちがいが必要です。教師の自主性を縛ることの弊害は、この点からもあきらかと言えます。

逆に考えれば、たとえ一人の教育者が何人もの子どもを相手にしなければいけない場合でも、子どもたちそれぞれに応じたかかわり方がまるきりできないとは言えません。同じ教室の場、保育の場……にいてもちがう意識を持ち、ちがう振る舞いをする子どもたちに対し、一律の応答ですますことはできないし、子どもたちとともに生きる現場では、教師は、その現実に迫られ、それぞれの状況に合った（つまり多様な）受け答えをしているはずです。そうできるよう、子どもの実状に応じて臨機応変に対処する力をみがくことは、教育者に求められる専門性のもっとも重要な一つです。教育もふくめ子どもの成長にかかわるケアの専門性、スキルに関する指南書、実践書で、子どもの多種多様な行動への対処法に膨大な記述がさかれているのはこのためです。子

＊ 三〇人台の学級編成さえままならない現在の学校教育ではそうした時間が常態になっており、「二〇人学級を」という要求は切実です。一学級の子どもの人数を二〇人台にできるよう教員の数を増やすことは、学校という社会を人間的なすがたにしてゆくために切実な課題です。保育の場でも現在の基準は、保育者に過重な負担を課しています。

どもたちが自分の人生を豊かに生きられるように支える「位置」（手を貸す、黙って見守る……）をできるだけ正確に探り当てること、そうやって子どもの実状にそくしたかかわりを豊富にしてゆけること――多様なかかわり方のこの意義と意味とがわかっているからこそ、どのように受けとめたか、答えたかについての記録や報告が積み重ねられてきたのです。実践記録として知られるたくさんの報告、民間の教育団体・保育団体などが毎年行っている交流集会での報告には、さまざまな子どもの振る舞いを受けとめてきた教育者・養育者の知見があふれています。専門家が研修に集うセミナーという言葉では覆いきれないそうした集まりは、広くケアにかかわる領域での交流――たとえば、「非行少年・少女」の親たちが集まる交流集会等々――もふくめて、ケアをめぐる社会運動が編み出した日本社会に特徴的な「集合知」だと思います。

それらの報告から、私たちは、子どもとつきあううえでの貴重な示唆やアイディアを得ることができるし、共有できそうな技法が発見され、みがかれることもあります。たとえば、給食で嫌いな物が食べられない子どもたちにどう対処するか、むりやり食べさせるという最悪のやり方ではなく、好きな物を増やすための手立てがあれば試してみたくなるでしょう。「無理に食べさせなくてよい」という選択ももちろんありますが、自分たちで育てた野菜だと味を確かめたい気持ちが生まれる、ということもあります。生活の基礎文化である食事が子どもにとって命をつなぐとともに豊かであるための条件・環境を整えること、それぞれの子どもとその家族が過ごす食生活の現実を知り踏まえること、食事する場につくられる「社会」（たがいのかかわり）がどんなものかを観察すること、食物が持っている一つではない可能性を調べ試すこと……これらの要素が組み合わさった経験のなかから、食事の楽しさを生み出せそうなケアの技法が、万能ではないにせよ、案出されるというように。

もちろん、ここで述べている「共有」は、ある一つのやり方をマニュアルとしてどこにでも（誰にでも）適用するという意味での「共有」ではありません。そうではなく、自分の前にいる子どもたちとつきあう適切な「位置」を探るために役立つ手段なのです。ですから「共有」とは、ある人の経験のなかから、自分が目の前にしている子どもたちとのかかわりあいに示唆を与えてくれる何かを汲みとってゆく作業にほかならないと言えます。

スーパー養育者・教育者でなくてよい

子どもたちの振る舞い・状況にそくした受けとめ方、かかわり方の柔軟さと並んで、もう一つ、教育・養育にかかわる専門性をあげておきましょう。子どもの育ち方や家庭環境を見きわめ、広い視野で判断することがそれです。こうした判断力は、教育者である大人の側が自分の限られた経験で相手を裁断してしまわぬために役立つ力であり、この力を身につける作業は広くケア領域の専門家に求められるものです。「自分の限られた経験」のなかには、自分が携わっている専門領域での知識といったものも入ることに注意してください。体調を崩してやって来た人に、「数日はゆっくり休養してください」と医師が指示するのは、どこの医院でも見られそうな風景ですが、当の患者さんが多少の熱があっても休めず、一五時間、一六時間と働かされる企業に勤めているとしたらどうでしょうか。いくら言われていることが適切で正しくても、それを実行できる環境がない。その点に思いの及ばない専門的助言は無力です。「忘れ物をしてはダメ」「宿題をきちんとやって」……といった教育上の要求にしても、その要求がどうしても必要な場合でさえ、それぞれの子どもが過ごしている家庭環境、生活事情を無視して押し通すことはできないのです。

　ある子には「もう少しこれについて考えてみたら」と促し、ある子には「心配しないでゆっくり休んでいいんだよ」と安心させる――時には逆方向に見える受けとめ方、かかわり方がおかしくないのは、むしろそう対処すべき場合があるのは、それぞれにちがう現実を生きている子どもに対する教育者にとって当然なのです。状況と事情に応じてそのように対処を変えられるのは、実は、多様なかかわり方をつらぬく土台があるからです。「適性や能力に応じて支援する」とは、新学力観と言われる教育政策の主張ですが、その発想は、「能力」のあるなしで教育資源に差をつけるべきだという差別的なものでした。そしてそうした発想は、いまでは、公立の中高一貫校がエリート養成の場として各地に設置されるなど、全国に広がっています。段階を踏んで習得させる必要のあるスキルを子どもの習得段階に応じてつたえるといったやり方があることは否定しませんが、だからといって、能力や適性がないから手をかけないという政策は正当化できません。

　ここで述べている多様なかかわり方は、子どもたちが生きる現実にそくして必要なアプローチをとることで、どの子にもひとしく人間的な成長と環境とを保障するためのものです。「何のために」という目的がそのように共有されているからこそ、その目的――人間的な成長と環境を保障するという目的――に近づくために、それぞれの子どもにとって必要なかかわり方、ケアを工夫しなければならないのです。具体的なはたらきかけや応答のベクトルは反対のようでも、なぜそうするかの理念にちがいはないということです。この点は、また、それぞれにちがう教育者による多様なかかわり方についても言えます。ですから、「殴って言うことを聞かせるやり方も多様性の一つだ」という主張がなぜ成り立たないかはあきらかでしょう。人間的な成長と環境とを保障する共通の（共有すべき）理念のうちに、そんなやり方はふくまれないからです。

一人ひとりの教育者・養育者に求められる多様なかかわり方の意義を確認したうえで、子どもの成長にとって、ちがう大人の「手が入る」ことがやはり重要であること、欠かせないことを強調したいと思います。子どもに好かれ、遊び上手で育児の知識も十分な保育者や、子どものさまざまな要求にうまく対処し、その子の特徴に応じて臨機応変な指導ができる教師は、多様なかかわり方ができる点ですぐれていると言えるでしょう。しかし、そういう保育者・教師だけがいればよいか、みながそういう保育者・教師をめざすべきなのかというと、それはちがいます。

かりにそうした教育・養育専門家をスーパー保育士、スーパー教師と呼びましょう。同じ仕事につく誰もが「そうなりたい」と願う、卓越したプロフェッショナルです。そんなプロフェッショナルばかりであれば、生育途上で子どもたちがぶつかる困難、トラブルもきっと解決できそうに思えます。子どもの成長にかかわる専門家である以上、スーパー保育士、スーパー教師をめざそうという気持ちが生まれるのは自然であるし、スーパー保育士、スーパー教師を養成することで養育・教育の困難を解決しようという発想も生まれます。

スーパーと言われるくらい見事に子どもとかかわれることは素晴らしいし、現に、その名にふさわしい方がおられることも事実でしょう。しかし、それにもかかわらず、スーパー保育士、スーパー教師をめざす（養成する）という一律の目標は必要ではなく、熟練や経験についての錯覚を生み出しかねない点で、むしろ有害な面があると思います。スーパー保育士だけしかいない保育園を想像してください。実際にはそんなことはないのですから、あくまで想像にすぎず、そんな保育園や学校、子育て施設や支援組織になろうということも非現実的ではあります。しかし理想は理想として、そうした目標があるべきではないかと考える人がいるかもしれません。

そうではないと思うのです。上手に子どもとかかわれてこそプロという考え方は当然に思えますが、もしそうであるなら、「どうしても子どもとつきあうのが苦手」な人は保育士や教師を辞めたほうがいいことになるでしょう。「いや、努力次第で苦手ではなくなるはず」と反論されても、苦手であるかぎり専門家として不適という判定には変わりありません。それがちがうと思うのです。子どもとつきあうのが苦手な大人の気持ちがよくわかるのは、そういう教育者であるはず。また、苦手であってもなお子どもたちとかかわるかたちを示せるのも、そうした人でしょう。そんな教育専門家に求められるのは、苦手な子どもがいるのは避けようがなくても、苦手であるか否かを子どもの尊厳を守り尊重する姿勢に影響させないこと。そこに専門家としての力（倫理）が発揮されるのです。

「つきあいが苦手」というのは一例にすぎません。口下手で子どもと話がはずまない、作業が遅く同僚とテンポが合わない、新人で仕事を任せるのも不安、こうしたいという希望はたくさん出すが実行がおぼつかない……等々、およそマイナスとみなされがちな特徴を、教育・養育に不適と決めつけることに「ちょっと待って」と言いたいのです。それらがマイナスと映るのは、ひょっとすると、そう判定する側がマイナスの眼鏡をかけているからかもしれません。「スーパー」をめざすあまり、「これができていない」「まだ、この点では不十分」という判定ばかりを積み重ねると、知らず知らず、より小さな「マイナス」も見逃さぬほど精度の高いマイナスの眼鏡をかけてしまうことになります。どれだけキレイになったかをひたすら追求する掃除の「鬼」が、窓の桟をこすり、わずかな埃を見つけ出して、「まだキレイにしていないじゃない」と怒るように。

マイナスの眼鏡を外し、誰もが持っており、しばしば自分で気にしてもいる「足りない（と感じている）ところ」「より下手、苦手なところ」――要するに、普通は欠点とみなされてしまうところを、多様なかかわり方を実現するための資源だと考えてはどうでしょうか。

「欠点」や「弱さ」と考えられている特徴は、ほとんどの場合、他人の足を引っ張り、社会に負担をかけるばかりのものとみなされています。そうした見方は大変に強力であるため、前に述べたように、「できないとダメ」（〈できる－できない〉という単一のモノサシで他人を測り、自分を測るようになります。「みんなスーパーをめざせ」という目標設定もこれと同じです。でもそうなると、それぞれの人が持つ「欠点」や「弱さ」があるからこそ、多様なかかわり方の可能性が広がるという関係は見落とされます。多くの点で大人よりも無力で、いろいろなことが「できない」子どもという存在があるがゆえに、人間同士のかかわり方に豊かさが増すことは、誰もが肯けるのではないでしょうか。「子どもの場合やむをえずそうなるのだ」という考え方は当たっていません。「大人の場合はそうじゃない」となぜ言えるのでしょうか。

大人たちの、教育者・養育者の多様なあり方を認めること、確保することは、子どもたちとの多様なかかわりを実現するうえで不可欠です。誰もが「スーパー」ではなく、それぞれに「欠点」「弱さ」を持つという条件が多様なかかわり方の具体化に役立てられること、そういう環境を築けることは、養育・教育の場に不可欠の専門性だと思います。

それぞれの「欠点」「弱さ」を、その社会で生きることの障害にさせないようなかかわりの実現は、社会を豊かにするだけでなく、強靭にもします。車椅子で暮らす人が大地震でも安全に避難できるかかわりやしくみが整えられた社会は、健常者だけが安全に避難できる社会より人間的であるだけでなく、社会としての質的水準（人がともに生きられる環境、条件がどれだけ、どのように整っているかを示すモノサシと考えてください）も高いのです。なぜなら、社会のなかで絶えず、必ず存在し、生まれてもくる「弱さ」や「欠陥」を、当然あるものと受けとめ、それに対処する社会のほうが、人がともに生きてゆくうえで、社会全体としての力を備えているからです。さまざまなケアを社会が保障することを「無駄遣い」のようにみなす主張・政策は、この点を見落としています。「弱さ」や「欠陥」を持つ人間という存在、完全無欠ではありえない人間という存在が、そうであるからこそ、多様なかかわりの網の目をつくり、「弱さ」や「欠陥」を社会の豊かさ、質的高さを支える資源へと変身させる――「(人間)社会とは何か」を考えるうえでもっとも重要なこの特徴は、専門的な養育・教育の場にも例外なくつらぬかれているのです。

「経験を積む」とはどういうことか

このように述べてきたことから、経験のあるなしもまた、多様なかかわりの視点で考えるべきだとわかります。新任の職員がベテラン職員よりも経験の浅いのは当たり前。経験を積めば簡単に処理できることに苦労を重ねることも当たり前。経験を重ねることで教育者としての専門性もみがかれてゆくだろう、と普通は考えられています。ですから、新人は、「経験を積んで早く一人前になりたい」と思い、ベテランは、若い人に「早く成長してほしい」と期待をかけます。

広い意味で養育・教育にかかわる仕事領域すべてで、そうした関係が成り立つのではない(ICTにかかわる領域では、逆に、若い世代ほど「経験」を積んでおり、スキルがあるのが普通です。また、変化する子どもの文化を知り受けとめる領域では、ここで言う経験は成り立ちにくくなっています)にせよ、経験の長さという基準にもとづいて職員の習熟度を推し測るのが一般的です。

経験を重ねることで教育上の知識が増え、子どもたちへのかかわりにも幅が広がるという関係は、一般論としては納得できそうですが、もちろんそれは一般論にすぎず、どんな場合にも当てはまるとは言えません。「もう経験があるのだから、もう少ししっかりして」という眼で見られ、内心では自信を持てず苦しくてしょうがない、といった場合もあるでしょう。積み重ねたはずの経験が役立たない一方で、「ちょっと難しいな」と思われた問題を、新人職員がさしたる苦労も見せずに解決することもあるはず。「それはビギナーズラック、たまたま」のことなのでしょうか？　経験が浅いときのほうが、いろいろと迷わずできることもあるのではないでしょうか？何も知らないからこそできる（わかる）ことがあり、いろいろな知識があってはじめてできる（わかる）ことがある。常人には及びもつかない職人技の世界がつたえる熟練の力を否定すべきではありませんが、子どもの成長にかかわりあう「未熟」と「熟練」との関係は、単純に時間に比例するとは言えないのです。

さて、そうなると、スーパー教育者について述べたことと同様、ベテランがたくさん揃っている学校や保育園、教育施設のほうがよいのだとは言えなくなります。子どもとの、また大人同士のかかわりの幅を広げるためには、むしろ、経験も経歴も「強み」も「弱み」も年齢性別も職種もちがう職員がいろいろにいたほうがよいかもしれません。多様な人たちが集まっていれば、それがすぐさま多様なかかわりを広げることにつながるとは言えませんが、「未熟だから」「他の人になじまないから」「仕事が遅いから」……といった「欠陥」だけを取り出し、排除してしまうやり方は、多様なかかわりの可能性を狭める点で、学校（保育園……）という社会の質的水準を低めることにつながります。*

子どもにかかわる問題が表面化するたびに、「教育に携わる者はよく連携をとって」といった指示が出されます。「連携」のゆとりもない多忙状態を放置したままそんな指示を出したところで、効果のほどは疑わしいのですが、そもそも連携とは、それぞれにちがう人の力を集め、よい環境をつくることを意味します。「できないこと」、「足りないこと」がそれぞれにある。それを

* 保育分野の構造改革政策により近年急増している株式会社立保育所では、経験年数の浅い保育士ばかりの職場があると聞きます。退職者が多いため交代も頻繁、就職二年目、三年目で主任をやらされるという例も。職場環境のきつさ、仕事に比しての待遇の低さが影響しているようです。そうであれば、保育者の低待遇という条件が多様なかかわりを阻害していると言えるでしょう。株式会社立保育所にかぎらず、保育職員の処遇は他の職種と比べて低いのです。民間保育所保育士の平均給与は全職種の三分の二、「(保育の仕事は)好きだけどもう限界」とは、ある新聞記事に載った保育士の嘆きです。東京都の調査では、この先仕事を辞めたいと考えている保育士は一八%、ざっと五人に一人の割合に上ります。勤め続けさせない勤務条件が、子どもに保障すべき多様なかかわりの可能性を奪っているのです。学校の場合、いわゆる教育困難校に経験の浅い教員、非常勤教員が多く配置される例を聞くことがあります。この場合、教育環境のきびしさが、そうであればあるほど必要な教育的資源の多様性(多様な人材)を奪っていることになるでしょう。そもそも、あまりにも多忙な養育・教育現場では、ゆとりあるはたらきかけ、かかわりあいなど実現できるはずもないのです。

自然な状態と考え、「できないこと」「わからないこと」が具体的に出せる状態になってはじめて、「どうすればよいか」を考える出発点ができるのです。「欠点」や「弱さ」がそのように当たり前のこととして位置づけられない場では、連携は、「自分のところでは問題にこうしてうまく対処しています」という相互確認のフィクションを生み出すことに終わるでしょう。

以上を踏まえて、経験を重ねることにどんな意味があるのか、ベテランの教育者がベテランであることの価値はどこにあるのか考えてみます。

「どんな問題が出てきても大丈夫、うまく処理できるし、解決できる人」をベテランと呼ぶのは適切でないように思います。おそらく、周囲からベテランと目される人は、そんなふうに言われても実感が湧かないだけでなく、「いや、全然ちがう」と否定したくなるのでは。「そんなこと全然ないですよ」と答えても、日頃のベテランぶり（周りからは自在に見える子どもとのかかわり、配慮のゆき届き方、問題が生じたときの落ち着きぶり、保護者との距離感等々、具体的に見てとれる仕事ぶり）を知る人には謙遜としか受けとってもらえないかもしれません。けれど、「全然ちがう」という実感は、本音であるだけでなく、ケアといういとなみの核心につながる大切な認識が示唆されているように思います。

「自分にはわからないこと、できないこと、知らないことがある」ということを知っている、すなわち、経験を積めば何でも解決できるとは言えないことの認知こそ、ベテランであること、ベテランとなったことの指標であり、ベテランの仕事の土台となっているものです。「いつまで経ってもわからないことがある」「いままでの経験からこうすればこうなる、と経験則だけに頼るのは危険」「絶対にまちがえないなんて考えずに、まちがいを重ねることでわかることのほうが多いのじゃない？」「あなたの言うとおり、問題はそこにあるけれど、それをいま解決できるかどうかはまた別のこと」……一生懸命に経験を積み知識を得る意欲にあふれた若年層に投げかけられる、これらの、いかにもベテランらしい助言、コメントがまっすぐに指している一点が、「自分には、できない、わからない、知らないことがある」という自覚なのだと思います。

この自覚がなぜベテランの証しなのか、それはもう察しがつくでしょう。子どもという人間との（また、子どもの成長にかかわるさまざまな大人との）出会いを自分の意図どおりにコントロールできないことに、経験をつうじて気づいているからです。そのことに気づかない「ベテラン」は、いささか困った存在になりかねません。「何だって解決してあげられるのがベテランのはず」という思いこみは、子どもも周囲の大人たちも「卑小で無能」に見えさせるだけでなく、できないことのある自分を許せず、自分自身をも苦しくしてしまうからです。*

＊ 経験を積むとわからないことが増えてゆくのは、実は、人間相手のケアにかぎられないようです。三五年の経験を持つテナーサックスの調整（リペア）マンが、「知識や経験が入ってきちゃうと、もう、なにがなんだかわからなくなる」「いまだにパーフェクトと思えたことは一度もない」と話されているのは、その一例です。浜田淳『ジョニー・B・グッジョブ　音楽を仕事にする人々』カンゼン、二〇一〇年、四一九頁。

「知らないこと、わからないこと、できないことがある」と気づき、その自覚を出発点にすれば、「もう中堅と言われ、何かと頼りにされる年齢になったけれど、ちっとも自信が持てないで苦しい」、「若い人を支える中心の役割なんだから責任を持ってと言われても、自分にはとてもそんな資格はない」と悩む必要はないでしょう。経験を積んでゆくことで、これまで懸命に考えたり勉強してうまくやれたと思っていたことがだんだん怖くなる、「これで大丈夫だなんて、若いときにはどうして思えたんだろう、いま思い返すと空恐ろしい」……などと不安や疑問が頭をもたげてくるのが普通なのであり、それが経験を積んできた証拠です。そう言われたところで、やはり悩んでしまうとは思いますが、その悩みこそ、「自分が何でもできるなんてとんでもない」という貴重な発見をもたらす道しるべなのです。

いったんこの自覚を持ってしまえば、若い職員（保護者、子ども……）に向かって、「私がわからないこと、あなたのほうがずっとわかっているね」と安心して言えるようになるでしょう（筆者自身、猫や犬の目線からさえ、自分のわからないことをつたえられる気がして、どきりとすることがしばしばです。人間である自分のほうが、人間の浅知恵にとらわれ、何でもわかっている――少なくとも犬や猫よりは――錯覚が抜けていないことに気づかされるからです）。地位や役割、年齢差、等々にかかわりなく、「それ全然わからない」と話し振る舞える点にベテランの真骨頂があり、「そんな失敗してダメなんだから」と言ってもらえれば、しめたものです。子どもにとってみれば、「できないこと、わからないことがあっても大人なのだ」という貴重な発見が、そこに生まれるはずです。故意に失敗してみせろというのではなく、自分のいたらなさをつうじて、「欠陥」や「弱さ」をどこかに持っている人間同士がつくる社会だからこそ、人間的社会が可能なのだとつたわるからです。

6 つたえる・解決する・見守る

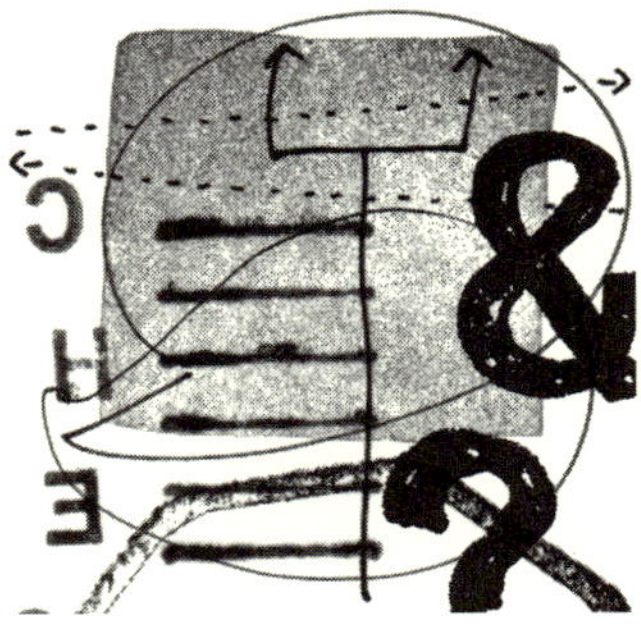

「大事なことだから黙って聞いて」

暴力によって相手を従わせるやり方が最悪なのは、誰もが、「できないこと、わからないこと」を抱える存在として出会う可能性を奪い、自分の「正しさ、完璧さ」（それは実は相手の尊厳をねじ伏せる暴力の別名にすぎないのですが）を示す以外に、相手とかかわる術を失わせるからです。自分の経験から、「これは大切でどうしてもつたえたい」ということがらがある。ベテラン（大人は子どもにとって「人間のベテラン」であることにも注意してください）なら当然だし、そうでないと困ります。なぜ困るかと言えば、人が社会をつくって生きてゆくうえで有益だったり、価値あることがらを伝承できないからです。養育・教育の領域で、そうした伝承が大きな意義を持つことはあきらかでしょう。大事なことを何とかしてつたえたい。もちろん暴力に頼らずに。ではどうやって?

子どもを前に、「いまから話すことは大事だから黙って聞いて」と前置きする光景が想像できますね。しかし子どものほうは、これから話されることがどうして「大事」なのかわからない、がやがやしているのに業を煮やした先生は、「静かに、口を閉じて」などと声を張りあげることになります。中学、高校ともなれば、たとえ静かにしていても、教師の言う「大事」をそのまま受けとっているとは断言できません。「これは試験に出るからな、よく覚えておいて」という殺し文句が使われることもあるでしょう。ただし、「試験に出る」=「生徒が覚えておくべきこととして社会(大人)が設定している知識内容」という等式の威力が効かない、試験の出来など関係ないと感じている生徒には、この殺し文句も効果はありません。

子どもと大人のあいだでの、「大事なこと」のこうした受け渡し場面、受け渡しの難しさは、大人同士(ベテラン職員から若手の職員へ、等々)の場合でも同じです。自分(たち)が大切だと思うことを相手も同じように感じているとはかぎらないこと、両者のあいだには「大切さ」の認知に落差のあることが、受け渡しの難しさを生み出しています。落差があるのが普通で、受け渡される側にとっては、渡されるものが大事かどうかをあらかじめわかる手がかり(経験)はないのです。そこで、渡す側は躍起になって「大事だよ」と言うわけですが、だからといって、その強調で「大切さ」を相手が納得してくれそうにないことは想像がつくでしょう。「言われたときは聞きすごしていたけれど、何年も経ってから、ああ、あのとき先生が大切って言ったのはこういうことだったんだ、とわかった」――「大切さ」の受け渡しがこんなふうに果たされる場合があることも。

「相手が聞こうが聞くまいが、大事なことはつたえなくては」という信念は立派です。言うべきことを言う実行精神も必要でしょう。けれどここで考えてみたいのは、相手にぜひともつたえたいことがらに、「これ大事」というラッピングをするだけでは、大事なことがらを共有できないという事実です。後になってつたわる場合はあるでしょうが、それは相手の経験次第。そうやって未来に向け、「大切なこと」の数々を打ちっ放しにして、拾いあげてくれる誰かを待つことは決して無駄ではなく、それも教育の重要な役割だと思います。思いますが、いま相手を前に、「これ大事だからね」と言うだけではつたわらないとわかっているとき、どんな手立てがあるのだろう――そこを考えてみたいのです。

「大事なことだから聞いて」と指示するとき、相手はその大事なことを聞く位置におかれます。いわば「聴衆席」にすわらされる。すると、すわりたくない人をまずはその場所に引っ張ってゆくことがどうしても必要になり、それがうまくゆかないと、「こんな大切な（重大な）ことなのに、なぜ聞いてくれないのか」と恨み言の一つも言いたくなる。「聴衆席」におとなしくすわっている人たちに対しても、「聞いているんだかどうなんだか」と、反応のなさを不安に思ったりもする。ついには、話の中身の重要性をどれだけ理解できたか点検するといった行動に出ることもあるでしょう。こうなると、相手の内心をむりやり知らせろと強制しているようなものですね。そういう指示に慣れた子どもたちなら、指示する側がどんな答えを欲しているか十分わかってい て、「大事なこと」を言われたとおりに答えてくれるにちがいありません。まして大人同士なら、指示する側の振る舞い方で、そういう「やらせ」の関係が容易に出現してしまうことはよく想像できるでしょう。

つたえたい相手を聴衆席にすわらせるのではなく、相手のほうが、「これってすごく大事な問題だと思うんだけど、誰かそのことについて話してくれる人がいないかな」と探しているとき、「あ、そこにいる」と眼にとまる位置にいられたとしたら……。様子がずいぶん変わりますね。

大切なことがらを、それをつたえたい相手の眼が届く位置においておくこと、そのことを確かめたい・わかりたいと悩み、求めはじめた相手に応えられる場所に「大切な話」をおくこと――これは、いつも「聴衆席」に相手をすわらせるのとはちがう関係、多様なかかわり方の一つです。そんな関係が生まれるためには、「自分にとって大切なことは何か」を相手が考えられ、大切なことの中身をつかみたいと求められる機会や場が十分に保障されていなければなりません。「つい聞いてみたくなる人がいる」というのも、そんな機会や場のなかにふくまれるでしょう。「大事なことに近づきたい」という本人の気持ちを触発する（気持ちを耕すと言うこともできます）しくみ、環境のなかに、どんな人がいるかもふくまれています。「教えたがり」の人が、そんなしくみ、環境にふくまれるとはかぎりません。悩みを打ち明けてもいいと思う相手がどんな人か考えると、問題の所在が理解しやすいはずです。つきあいの近さ遠さだけでは決まらない。ラジオのディスクジョッキーに、「いのちの電話」に、いじめの悩み、リストカット、自死の衝動……を打ち明けるのは、「受けとめてもらえる」と思える位置に相手がいるからです。

「大切なこと」の受けつたえは、そんな位置関係のなかでこそ実現するのだと思います。教育・養育のいとなみに必ずふくまれる、ともに生きる（社会をつくる）ために大切なことの受けつたえも、この例外ではありません。「聴衆席」にすわってもらう関係が無意味だとは言いません。すわってもらうからには、一人ひとりの席が、そこに縛りつけられるような窮屈なものでなく、ゆったりと腰を落ち着け、周囲を見回したり（誰かと一緒に聞けるということも、意味のある経験です。一緒にいるために苦しいという事態も当然ありえますが）、眼を閉じてもの思いにふけったりできるようなゆとりのある席であってほしい。「大事なことだから静かに聞きなさい」というラッピングが、聴衆席を居心地の悪い場所にしてしまうなら、それは肝心の受けつたえを難しくし、先に述べた「やらせ」の関係を出現させてしまうのです。

ことがらに出会わせる

大切だと思うことを大切だと言うのはまちがっていません。「相手がそう思ってくれそうにないから言わない」というのでは、自分がそれを大切だと考える判断や信念自体を否定することになってしまいます。問題は、その大切だと思うことがらをつたえる相手も同じように受けとめてくれるかどうかでした。「大切だと思え」と無理に押しつけても、こちらの思いどおりに相手の感じ方を操作できないし、そうできるとしたら洗脳になってしまう。それは危険であり、すぐれた（共感を寄せられる）教育者ほど注意して避けるべきことです。

つたえたいと思う大事なことがらが相手にもそう感じとってもらえるかどうかは、つたえる人、つたえることがら、つたえられる相手という三つの要素（事情）によって左右されます。聞いているほうが求められる、問いかけられるような場の重要さについては前に述べました。これに加え、つたえることがらそのものが持つ力（大切だと感じさせる喚起力）にも注意したいと思います。何が「大切なことがら」なのかは、もちろん、抽象的に「大切」と述べるだけではわかりません。子どもにつたえたい知識、職場で若い世代につたえたい経験……その内容によって「大切さ」の特徴もいろいろです。けれど、「平和が大切だということ」をつたえる、「誰かをいじめてはいけないこと」をつたえる、「あなたが悩んでいるのと同じように私にも悩みがある」とつたえる……と、つたえたいことはその場・事情でちがっていても、つたえたい中身が大事であることは当たり前です。「大事だよ」というラッピングよりも、その場で一緒に焦点を当てることがらそのものが重要であること、その「ことがらそのもの」がどう説明され、示されるかが重要であること。これも当たり前の話でしょう。「大変！　火事だ！」という切迫した知らせに、「大事なことだから聞いて」とわざわざラッピングを加える必要はないように。

あることがらが大事だと思いつたえようとするとき、相手にことがらそのものと出会ってもらうこと――教育的関係の場面で多くの専門家が実際に行っていることだと思います。「ことがらそのもの」をどのように表すか、どんなトピックを取り上げ、どう構成し、どんな手段を用いるかといった作業に心を砕くことは、教育に携わる者にとって重要な専門性の一部であるはず。ことがらそのものが語りかけ、つたえられる側の生きている現実、現実に根ざす感情や要求に応えられるよう、ことがらの精髄（その大切さがもっとも鮮明に浮かび上がる核となっているもの）を相手の前におき、渡すいとなみが、この場合の専門性の中身です。「ことがらそのものに出会ってもらう」とは、そういう関係をコーディネイトし支えることを意味します。たとえば、いま、人間らしい働き方がどんどん壊され、苦しい思いを重ねる労働者が膨大にいる、「こんな働き方はおかしい、人間らしく働く権利が大切なはずだ」と呼びかけたいとします。どんな働き方が理不尽なのか、「ことがらそのもの」に出会ってもらわなければ、理不尽さも、人間らしい働き方の重要さもつたわらないでしょう。私がつたえられた「ことがらそのもの」、「それは絶対におかしい、こんな働き方をさせる企業・社会を変え、人間らしい働き方を保障しなくては」と、心底から思わされた例をあげます。

「私は契約社員として、公的年金関係のコールセンターで働いて2年近くになります。昨秋、今春から時給の100円減が決定。先日はスタッフを半減させると説明されました。手取りは月約15万円。母子家庭の私は収入源どころか失業の恐怖にびくびくする毎日です。

……中略……人事育成に力を注いだ会社は、顧客の都合ですが人員削減に躍起です。子どもの早退や欠勤を理由に首切りをするらしく、目を光らせています。子を持つ親ほど不利になります。／また、休憩などで離席する際、電話機のボタンを押す決まりです。最近、トイレのボタンができました。回数や時間も集計できます。契約打ち切りの理由にするようです。組合設立も考えましたが、時間もお金もなく断念です」（『朝日新聞』投書、二〇一〇年年二月二日）

「ひとつは、雇い止めの理由のひとつとして会社が放った、〝鮮度〟という言葉です。鮮度という言葉はモノに対して使う言葉ですが、若い女性のことを、〝鮮度が高い〟と言い、そういう子をそろえた方が男性客の集客につながると、平然と言ったのです。愛着を持ち、8年以上働いてきた大切なお店に、魚や野菜のように、〝鮮度が落ちたから〟〝賞味期限切れ〟だから、もういらないと言われたことに、打ちのめされ、深く傷つきました。女性をモノ扱いし、年齢を重ねた女は、必要ないと言われたことが、私に裁判を決意させる決め手となりました」（「カフェベローチェ雇い止め裁判原告意見陳述書」二〇一三年九月二〇日。この裁判は係争中で、会社側は「鮮度」という言葉は店のフレッシュさを指していると弁解にならない弁解をしています）

トイレの回数を計測するボタン、働く女性を「鮮度」で評価する言葉、どちらも、人が働くうえで欠かすことができず、守られねばならない尊厳（ディースンシー）を傷つける鮮明なすがた、そんな場で働かなければいけない人の苦しみをまっすぐにつたえる「ことがらそのもの」ではないでしょうか。「こんなにひどいことがあるんだよ」とつけ加えなくても、示された現実の力が多くのことを語りかけ、私たちの心を揺さぶります。

もちろん、こうしたことがらに出会っても、「首切られたくなかったら正社員になれるようがんばるしかないじゃない」と思う人がいるかもしれません。「ことがらそのもの」が示されても、それがどれだけ重要かは、受けとる相手によって当然ちがってきます。誰に、どんなことがなぜ大切なのかを考え、「ことがらそのもの」に出会ってもらうのか、つたえる側が自覚していなければいけない課題です。

「ことがらそのもの」に焦点が合ったとき、誰がそれを話してくれたかはさして大きな意味を持たないことがあります。同じことがらを、先生の話したことだから重要で、友だちが話せば重要ではない、というのはおかしいですね。肩書きや地位に応じて受けとめ方がちがう、相手に権威がなければ軽視するという態度は、ことがらそのものに出会う機会を狭め、大切なことの中身を取り違えています。つたえる側が、「(権威のある)自分の言うことだから」と、たとえ無自覚でも、肩書きや地位に頼って何かをつたえてしまうと、やはり、ことがらそのものの意味、価値は見失われてしまいます。「これが大事だぞ」と押しつける権威にラッピングされた「ことがらそのもの」は、権威という包装紙だけが後生大事に受けとられることで、かえって見えなくなってしまうのです。

貧困世帯の子どもたちへの学習支援に長い間取り組んできたあるケースワーカーは、「『先生』

の呼び方を勉強会では一切使わない」と述べています。「学力不振、不登校の子どもたちは『先生』の言葉に恐怖心を抱いていることが多い」からだと言うのです（宮武正明『子どもの貧困 貧困の連鎖と学習支援』みらい、二〇一四年、八七頁）。なぜ恐怖心を抱くことが多いのか想像がつくでしょう。「先生」は、自分が能力のないダメな存在だということをわからせ、宣告する審判者だと思うからです。「なぜこんなに大事なことが覚えられないの」「少しでも努力さえしてくれれば、できるようになるのに」「これだけ説明しても、やっぱりあなたには難しいのかな」……たとえ口には出されなくても、自分への評価につながるこうしたニュアンスが教師から漂ってくるとき、「怖い、嫌だ」と思うのは当然でしょう。順番に質問しているのに、自分は質問されず飛ばされた、という極端な例もあります。「どうせわからないだろうから、質問しない」という残酷な振る舞いです。かりに法廷場面での尋問になぞらえてみると、これらの状況は、質問者が説明を求めたが答えられなかった、答えられなかった者は自分の「まちがい」（虚偽、不誠実、無能力……）を証明された、という関係を表しています。相手がわからない（相手にわからせない）問いかけ・説明をしている側のおかしさに眼が向けられることはありません。

「ことがらそのもの」が豊かに語りかけられるよう、つたえる人は傍らに佇んでいるくらいでちょうどよい。つたえる側、受けとる側の共同作業（受けとる側がその場にいること、聞けること、感じられることなしには受けつたえは最初から不可能ですから、共同作業です）によってその場に登場した「ことがらそのもの」を、受けとる側と一緒に眺め、味わい、考える――そうした位置にいられることが、つたえる側には求められています。「これは大事なこと」と言って自分が差し出すものは、相手にとってだけでなく、自分にとっても「大事なことで」あるはず。だとすれば、その「大事なこと」について、相手とともに向き合う場所に、つたえる人もまたいなければおかしいのです。「この絵、見てみようね」と子どもたちに絵を見せるとき、見せる側も、子どもと一緒に絵を見る位置にいる、ということです。料理人は料理をつくるだけでなく、つくったものをお客が食べると同時に味わっているのだと思います。実際にではなくても、気持ちのうえでは、出された料理を前にして、お客とともにどんな味わいかを確かめている、つたえる側がいる。この二重の位置に注意してほしいのです。

「ことがらそのもの」に向かって一緒にいるというかかわり方は、そうやって見ていることがらについて、たがいにどう思うかがわかりやすい特徴（利点）があります。友だち同士で、「このアニメ面白いね」と言い合える関係です。つたえる側が、「これ名作だよ」とあらかじめ重要度や価値を確定しておいて、「だから観ろよ」と、ことがらの軽重を押しつけてしまうと、つたえられる側の受けとり方、たがいのズレや一致点は出てきにくい。どんなに美味しい料理も、「こう食べなければ」と事細かく指図されると、煩わしくて食べた気がしなくなるように、ことがらの意味、価値、大切さやおかしさ……を共有することも、たがいの相違を確認することも難しくなります。

教える（つたえる）という位置にいる者にとって、教える中身の価値や重要度ははっきりしており、うまくつたえられるかどうかだけが課題のように感じられる。どうでもよいことを取り上げるはずもないのだから、そう考えるのは当然です。しかし、ここで述べたことからわかるように、受けとる側と同じ場所に立ち、つたえる中身をそのつど吟味するという「位置感覚」を持っていないと、うまくつたえるどころか、つたえること自体も難しくなるでしょう。子どもたちに「つたえるのが楽しい」と感じるとき、そこにはきっと、「つたえていること」を子どもたちと一緒に眺め、楽しんでいる自分がいるはずです。もちろん、これは大人同士の場合でも同じだと思います。

人を通して知る・わかる

「ことがらそのもの」を示す場合とは逆に、「誰がそのことをつたえるか」が大きな意味を持つこともあります。意中の人に「結婚してほしい」と友人からつたえてもらうのは、誰だって論外と思うでしょう。自分の気持ち、意思を代弁してもらう場合がないとは言えませんが、この場合には、「結婚してほしい」という内容とならんで（そういう内容だからこそ）、「誰がつたえるか」が決定的に重要であることはあきらかです。

その人の存在をつうじて、振る舞いをつうじて「大切なこと」に近づくという受けつたえのかたちがある。養育・教育の場面でも、広くケア的かかわりの場面でも、つたえる人の存在、はたらきが重要だ、ということがあります。なぜ重要なのか、どんなはたらきをしているのかを考えてみます。

つたえたいと思うことがらが自分自身の感情や意向の場合には、それを本人がきちんと知らせることで、相手によりよくつたわる。自分の気持ちを何かに託すというやり方ももちろんあるでしょうが、「あなたはどう思っているの」という相手の求めに応えることが必要なこともあるのです。教育的なかかわりのなかで、あることがらについて子どもから、「どう思っているか」を問われることは珍しくないでしょう。つたえる側の説明が興味を惹き、ことがらに関心を抱いたり、ことがらを取り上げた教師への関心が湧きあがるとき、「先生はどう思うの」という問いが向けられます。ニュースのアナウンサーに向かって、「いまあなたがつたえたニュースについて、あなた自身はどう思っているの」と聞こうとは思わないはずですが、でも、「この人はこんな哀しい事件について平気でアナウンスできるのだろうか」という気持ちになることはあるかもしれません（もっとも、バラエティショーが広がり、ニュースがショー化してつたえられるようになったこととかかわって、アナウンサー役がわざとらしいほど感情むき出しに事件をつたえるのは困りものです）。子どもや親から、「あなたの意見を聞きたいのだ」と迫られたらどうするかは、ひとまず措いて、「ことがら」をつたえる「人」に関心が集まる場合があることを確認したいと思います。

また、これもしばしば経験することですが、同じことがらを説明されているのに、誰がそれを説明するかによって、受ける印象、インパクト等々がちがうということもあります。実は、厳密に言えば、「同じことがら」を説明しているというのは正確ではないでしょう。つたえている事実は同じでも、声の調子に現れる強調点がちがう、表情がちがう等々、事実だけを記した文字情報とちがって、「ことがら」についてつたえる人が加えているさまざまな意味合いが、たとえ無意識にであれ、プラスされて現れるからです。教師はティーチング・マシンにはなれないと述べたことからも、受けつたえの関係には、こうした「プラスの意味合い」が必ず加わってしまうことが理解できると思います。そしてその「プラスの意味合い」が相手につたわって（受けとめられて）説得力を持ったり、逆に、「言っていることは間違っていないと思うけれど、なんか嘘っぽい」と信用されなかったりする。人間同士のコミュニケーションが持っている特徴で、アナウンサーが淡々とニュースをつたえるのは、そういう「プラスの意味合い」をなるべくゼロにしておこうとするからです。

アナウンサーの場合とは逆に、「その人に話してもらっている」ということが貴重な意味を持つことがあります。ヒロシマ・ナガサキの原爆を体験した方の話を聞く、東日本大震災で被災した方、原発被害にあった方の話を聞く、「従軍慰安婦」にさせられた方の話を聞く、沖縄で米軍基地建設・土地取り上げの話を聞く……「語り部」と呼ばれ、出来事をその場で体験した方から直接に話を聞くことは、同じことがらについての記録を読むのと受けとめ方が同じにはならないでしょう。直接の体験者と、そうでない報告者の話を聞く場合とでも、「話」という点では同じでも、やはり、受けとめ方がちがって不思議ではありません。もちろんそれは、話をする人の優劣をつけることではないのです。あることがらを体験した人がそれを誰かにつたえるとき、その人にとって体験が持った意味、受けとめ方、そのときの気持ちや後になって振り返ったときの思いなど、その人からでなければつたわってこないことがらがあり、それを誰かが代わってつたえることはできない。「語り部」がみな同じ話をするわけではなく、それぞれにちがう「自分の体験」を聞く人の前に差し出すのです。聞く側も、その話から、起きた事実や情報だけを抜き取って受けとめるだけではないでしょう。複数の人の話から、そこで何があったかという事実を知る、確かめることが必要な場合ももちろんありますが、同時に、ある出来事について、それを体験した人がどう感じ、考えたかを知ることが大事なこともあります。

戦争や大災害といった特別な大事件だけが、そのような「語り部」の存在を生み出すわけではありません。まだ社会に出ていない子どもたちに、社会人となった先輩の話を聞いてもらうことも、教師があれこれの職業について説明するのとはちがう意味・効果があるはずです。小学校でも中学校でも、社会科の授業などでそうした試みはさまざまに行われていると思いますが、仕事の中身が情報としてつたわったかどうかだけをモノサシに、それらの試みを評価すべきではないでしょう。「知らなかったことを教えてくれた」というレベルにとどまらず、仕事の世界でその人がどのように働き、どのような気持ちで過ごしているかにも注意を向けてほしいのです。

また、話を聞くというと、経験を積んだ年長者が子どもにつたえる関係だけを思い浮かべますが、そうではありません。同じ年齢、同世代のあいだでも、「語り部」のはたらきが活きる場面はたくさんあるはずです。たとえば、高校生たちの多くは、いまアルバイトをしていますが[*]、アルバイト経験が学校教育の場で取り上げられることはほとんどないようです。キャリア教育が大事だと言うなら、高校生が現に体験しているアルバイト労働を正面から取り上げ、そこで何が起きているか話を聞くプログラムがなぜ教育の課題として組織されないのでしょうか？　時給計算一つをとってもいいかげんな（労働基準法違反の）職場、正社員並みのキツイ仕事、パワハラの実態……と数えあげれば、「アルバイト」とは名ばかりで職場の戦力として使われている高校生たちのリアルなすがた、日頃の学校では見えにくい気持ちが浮かび上がってくるはずです。

人をつうじて何かを知るとは、こうして、他者と出会うかたちの一つであることがわかるでしょう。誰かと出会う、その出会いを、〈話をする・話を聞く〉関係に焦点を合わせて切り取ったものと考えることもできます。人をつうじて知る経験を積み重ねること、そうできるよう、教育の課題に「人をつうじて知る」世界を編みこむことは、したがって、出会いの文化を育む一つの方法なのだと思います。

「ことがらに出会わせる」やり方と「人を通して知る」いとなみとでは反対のことのように感じられます。実際、前者では「語っているのが誰か」には焦点が当てられず、逆に後者では、

＊　二〇一〇年前後の各種データによると、地域差はあるが、四〇〜五〇％がアルバイトを経験し、平均的に週三日間、一五時間程度働いています。

「誰が話しているのか」が重要な意味を持ちます。いったいどちらのやり方をとるべきなのか、どうなんだと疑問を持たれるかもしれません。

誰かに話してもらうことを選ぶか、ことがらそのものをつたえるのか、現実の場面では、何となく「こんなやり方をすれば聞くほうにとっていいのでは」という判断がはたらいているのではないでしょうか。そしてその場合の判断にこそ、秘密が隠されているように思います。「聞く側にとってそれがいいのでは」と感じる、その感じ方が肝心の点です。つまり、ことがらに出会ってもらうにせよ、人を通して知ってもらうにせよ、そのどちらも、そうすることで聞く側、つたえられる側の考える場、生きる世界が広がるかどうかが大切なのです。どんな仕方でつたえるにせよ、つたえるいとなみは、つたえられる側抜きには成り立ちません。つたえる行為が聞く側、つたえられる相手の現実にどうかかわり、相手の世界をどのように豊かにしてゆけるかこそが重要であり、そうした観点に立つ点では、「ことがらに出会わせる」ことも「人を通して知る」ことも同じだと言えます。

聞く側の世界を豊かにするとは、相手に気に入ってもらえるようつたえることではありません。聞き心地のよい、相手に都合のよい話ばかりつたえたからといって、それで相手の世界が豊かになるとは言えないでしょう。たとえば、職場で誰かに、「それはまずいのではないか」とつたえたいとき、相手の世界を豊かにする観点とは、以下のような言葉で表されるものだと思います。「耳が痛いことを言うけれど、でもそれはあなたを責めているのではない。私の言うことが正しいとはかぎらないかもしれないけれど、何が問題なのかを確かめることで、あなたが考える場・視野が広がればいいと願っている」

こうした観点がはっきりしているなら、どのような接近の仕方で相手の考える場を広げるかは、時々の事情や条件次第です。何となくこんなふうにつたえてみようと思う、その「何となく」には、たぶん、このような配慮がはたらいているのではないでしょうか。

問題を解決できないとダメ？

子どもたちの成長にかかわるケアのいとなみが考えられるさい、あるいはまた、仕事や生活の場での大人同士のつきあいを考えるさいでも、中心になるのは、こういう困難、こんな問題をどう解決するか、という視点です。問題がなければ、そもそもケアのあり方を問うことも必要がない——もっとも、「問題がない」とはどういうことかをよく考えると、必要ないと簡単にすませるわけにはゆかないのですが——から、これは当然の視点のように感じられます。困難があるから、問題があるから、それを解決する方策をいろいろと考える——大変わかりやすい図式で、経営指南書のようなものはほとんどこのモデルに従って書かれています。ここがダメとわかったら、そのダメな点をなくすよう考えさせる、行動させるやり方は、「ダメ」の中身がはっきりしていて、具体的に対処できそうなことがらであれば、このモデルにそって考える効果があると言えそうです。工作でどうしてもうまくできないところが、コツをつかんだ瞬間に、「ここをこうすれば簡単にできたんだ」とわかってうれしくなるような場合がそうです。どんな分野でも、「その道のプロ」と呼ばれる専門家は、うまくできないポイントや、逆に、うまくゆかせるための「ツボ」を熟知している点で、まさしくプロと呼ばれるにふさわしい存在ですが、そうしたプロが投げてくれる助言は、このポイントをぴたりと衝いていることが多いはずです。

仕事の場でも日々の暮らしでも、そんなふうに、この点が肝心というポイントがたくさんあって、私たちはそれらを、体験をつうじ、訓練をつうじて身につけてゆくことができます。たとえば、都心地域で書類を迅速に届ける自転車メッセンジャーという仕事では、自転車をいかに速く走らせるかが重要なのではなく、赤信号で停車しなくてすむよう最短で目的地に着くのがポイントだと言います。その「ルートどりや走行に関しては一種の『センス』が必要とされ*」るそうで、ビルの場所や入り口の配置を熟知しているかどうかでも差が出るということです。経験と知識を積み重ねたそんな技能に接すると、誰もが、「すごいな」と感心することでしょう。私たちの社会生活を支えている無数の仕事の一つひとつに活きているそんな技を体得しているのが、「その道のプロ」と呼ばれる存在です。そうした「プロ」の眼から、そうでない人のやり方を見ると、どこが足りない、この点に気づいていないといったポイントが、きっとよく見えるはずです。

教育の領域、ケアの領域でも、同じようなことはあるにちがいありません。たとえば、同じように子どもたちの様子を見ているはずなのに、ベテランの保育者に、「ほら、〇〇ちゃんが、こっちを向いてにこっと笑っていたときにね……」と言われ、「そんなことあったっけ、どこでそんな様子に気づけるんだろう」とびっくりするような場合。ベテランにかぎらず、相手の様子をそんなふうに気づける「眼」を持つ人がいて、どこにそんなコツがあるんだろうと不思議に思うことが、きっとあるのでは。経験を積んでいつのまにか自分もそういう「眼」を持てるようになる場合があり、また、気づくための「コツ」がつたえられることもあるでしょう。

子どもであれ大人であれ、誰かの様子をつかむという「課題」を想定した場合、何といっても難しいのは、目立った振る舞いをするわけでなく、こちらの話すこともよく聞いている様子、おとなしくて困らせるようなことがない……といった人の様子をつかむことです。授業の間、発言することもなくずっと静かでいる子ども、感情を高ぶらせることもなく大人の言うことを黙って聞いている少年少女が「どんな様子」だったかを、「静かにしていた」とまとめるだけでは、様子をつかんだことにはなりません。親が日頃からよく赤ちゃんの動きを見ていて、「何だか今日は様子がちがうな」と気づくようなとき、「ちがう」と感じとる手がかりを持っているはずです。手がかりを見つけ出し判断するそんな力が、相手の様子をつかむポイントというわけです。

さて、ここからが本題です。相手の様子、悩みや問題をそうやってつかめる「プロ」になれれば、教育の効果、ケアの効果があがるにちがいないと考えるでしょう。問題を素早く受けとめ解

＊　神野賢二「自転車メッセンジャーの労働と文化」（高山智樹・中西新太郎編『ノンエリート青年の社会空間』大月書店、二〇〇九年、所収、一七一頁）。

決のための手段を考えられるプロになりたいと願う。当然ですね。ベテランや主任といった立場におかれた人ならばなおさら、同僚や若い世代の悩み、問題に気づかずにいるのはまずいと感じるでしょうし、教育者なのに子どもの悩みに無頓着では困るのも確かです。だから相手の状態や気持ちをつかんで適切に振る舞えるようになりたいと願うのですが、しかし同時に、それがとても難しいこともよくわかっているはずです。そもそも、人はそれぞれにちがう存在ですから、「ここを見れば必ず様子がわかる」というわけにはゆきません。相手によって「手がかり」もちがうのが当たり前で、「ここを押さえれば、こんなふうに変わる」といった工作のツボと同じではないのです。

＊

　相手によるちがいをよく理解する必要だけではなく、相手が悩みや問題をつかませないように必死になっているような場合も、時には考えなければなりません。能力主義競争のモノサシが強くはたらく社会では、弱みを見せることが低い評価につながってしまうので、とりあえず、「大丈夫です」と言っておく。友だち同士では、心配をかけたくないので、「平気、気にしないでいいよ」と、つい元気を装ってしまう。職場で、忙しい同僚に心配かけるのは気が引けるという場合も同じことが起きます。それからまた、問題を発見しようとする側の態度や雰囲気が原因で、「何でもありません」と答えたり、黙っていることもあるでしょう。「責めたりしないから正直に話してごらん」と迫ってくる相手の様子が、その言葉を裏切って、追及心丸出しだったなら、「正直に」話そうという気にはなりません。「周りの人だって、あなたの話を聞こうと思ってずっと待ってくれているんだよ」といった圧力がかけられることもあります。これらの場合にも、問題を表に出すことは難しく、何事もない振りをしておいたほうが無難に感じます。未熟だったり、力がなかったりする側にとって、黙っていることは自分を守る最大の武器の一つだからです。

要するに、何が問題かを発見し適切に対処するという問題解決のモデルは、そう簡単に成り立つわけではないということ。右にあげた例は、一応、こんな問題、悩みがあると本人が気づいている場合ですが、すっきりしない、もやもやした感じだけはあっても、それが何かの問題とつながっていることに気づいていないことだってあります。人と人とのつながりのなかで生まれるさまざまな問題、困難には、そんな状態がたくさんあって、問題解決のモデルが当てはまらない事態は少なくないはず。むしろ、そうでないほうが当たり前ではないでしょうか。

「見守る」ことの豊かな意味

問題解決のモデルがそうそう当てはまらないと知っておくことで、私たちは、「早く問題をつ

＊ もちろん、人間ではなく自然が対象でも、様子をつかみ適切に対処することは一筋縄ではゆきません。伊豆半島のある鰹節製造所でたまたま話を伺ったときのこと。枯節という鰹節づくりで大切な鰹を燻す工程があるのですが、そのいぶし具合は、燃料に使う木材の状態によりちがい、天候によりちがうそうです。何時間と機械的に決まるものではなく、最後は手ざわりの温度で判断するそうですから、やはり、「相手によって、状態によってちがう」のです。

きとめ解決しなくては」という余計なプレッシャーから解放されます。それだけでなく、そもそも、「（この）問題は解決しなければいけないのだろうか？」という、とても重要な、出発点の問いを自分に向けることができるようになります。

こう述べると、「え、そんなバカな。悩みや問題を解決しようと思うのは当然のはず」と思われることでしょう。教育にもケアにも、人が育ち生きるなかで必ずぶつかる困難を克服するいとなみがふくまれているはずなのに、「なぜ問題を解決しないといけないの？」などと問われたら絶句するしかなくなってしまうでしょうから。困難や障害を一つひとつ克服して目標を達成するよう努力することが成長というものであり、あるべき生き方でもあるのだから。

でも、こんなことも想像してみてください。「好きで好きでたまらない相手がどうしても振り向いてくれない、どうしたら相思相愛になれるの」という悩み、あるいは、「ずっとつきあっていたのに失恋してしまった、忘れることができず苦しくて仕方ない」という悩みを「解決」するとは、どういうことなのか？

うまくゆかない困難をのりこえ、目標（相思相愛になる）を遂げられるようがんばるやり方が通用するとはかぎりませんね。「私がこんなに相手のことを想っているのだから、その想いはきっと通じるはず」と考えるのは、下手をするとストーカーの一歩手前になってしまいます。「こうすればモテになれる」という恋愛指南はたくさんありますが、たくさんあるということは、成功する保証がないからこそと考えたほうがよい。「恋愛を成功させたい」という悩みについて、困難を取り除き解決するというかたちをそのまま当てはめることはできないのです（経済的に苦しくて恋愛できないとか、仕事が忙しすぎて誰かとつきあう時間もない、といった困難であれば事情は別。働き方を社会全体で変えるという解決モデルが必要になります）。恋愛関係にかぎらず、思うようにならない関係の悩みについて、問題を取り除けば大丈夫と言えない場合はいろいろあるのではないでしょうか。

こんな場合、私たちは、たぶん別のかたちでの「解決」をイメージしていることが多いはずです。友人の失恋に、「いまはつらいと思うけれど、きっと時間が解決してくれるはず」とか、「こんなにがんばったのにうまくゆかなかったのは、きっと縁がなかったんだと思うしかないよ」、「相手のことをそれだけ好きになれたのだから、そういう自分を大切にね」……といった具合に。友人を思っての言葉だけれど、恋愛の成就は諦めなさいとつたえている。納得できない感情を落ち着かせることへと「解決」の方向が変化していることがわかるでしょう。そしてこれもまた、解決のすがたの一つではあります。つまり、問題、悩み、困難を解決するというとき、その解決には、悩みの直接の原因を取り除く、障害になっていることがらを取り除いて目標を遂げるというったやり方（たとえば、社会的引きこもりのきっかけがいじめにあったとして、そのいじめを解消させれば引きこもりもやむとは言えません。困難の原因を取り除けば困難は消えるとはかぎらないのです）よりもはるかに広い範囲の内容がふくまれているのです。「時間が解決してくれる」という場合なら、当面は何も解決しない。時の過ぎるままに任せて緩やかに悩みが縮んでゆくことを期待する。どれだけの時が必要かわからず、どれだけ解決するかも不確かですが、それでも、人の悩みを軽くするやり方の一つであることは事実です。

こう考えてくると、「解決する」とはいったい何を指しているのだろうと慎重に考えずにはいられません。大事なのは、そのように自問してみる、立ち止まって「必要なことは何か」考えてみることです。それはまた、相手が感じている悩み、困難の中身についてじっくり受けとめて考えることの重要性を意味しています。いろいろと子どもについての悩みを聞かされ、「じゃあ、こうしたら」と提案しても、まるで乗ってこない「相談」の例があります。「どうすればいいか教えて」と言いながら、実は、悩みを聞いてもらえれば満足の様子です。誰にも話を聞いてもらえないことのほうが当面の苦しさの場合、そういうことはよくあります。悩みにも解決にも、折り重なった複雑な層があることがわかるでしょう。そのことを浮かび上がらせるには、「問題は何」「それを解決する方法はこれとこれ」と先走って「整理整頓」しないほうがよいこともあるのです。気分が落ちこんでつらい、悩みを忘れてすっきりしたいと願う人に、気晴らしにお酒でも飲もうと誘うのも「解決」の一つではあります。その場では悩みを忘れるといっても、一時しのぎにすぎませんが。気分さえすっきりすればいいのかも疑問ですね。いつも気分が明るくなるような薬があれば、それを常用することで悩みは解決などなりかねないからです。

*

「問題を解決するってどういうこと」という疑問が持てるようになると、「見守る」という一言のなかにこめられた豊かな中身が鮮やかに浮かび上がってきます。「はらはらしながら何もできずにいる」といった無為の意味とはまったくちがう「思慮」と言えるような振る舞い方としての「見守り」です。

問題を見つけて早く解決したいと焦る人にはまだるっこしく、辛抱そして「深謀」や相手への深い信頼も必要な点では、解決策を練ることよりもずっと難しい「見守り」の豊かなはたらきすべてをあげることはできませんが、そのいくつかに触れてみましょう。

＊　日本では発売されてこなかったプロザックという抗うつ薬が、幸福な気分になれる薬としてもてはやされたことがありますから、これはあながち空想物語とは言えません。そういえば、米国では小さな子どもにもそうした向精神薬が処方されている現実を、あるテレビ番組が報告していました。一家で薬を常用し、「落ち着きがない犬」にまで処方されていたシーンには呆れかえりました。プロザックがよく効くことを報告した本（ピーター・D・クレイマー『驚異の脳内薬品』掘たほ子訳、同朋社、一九九七年）もありますが、プロザック臨床試験の副作用データが製薬会社によって報告されていないとの指摘もあります（デイヴィッド・ヒーリー『精神科治療薬ガイド　第5版』みすず書房、二〇〇九年）。向精神薬がみな有害と決めつけるべきではないでしょうが、向精神薬の開発過程やその効き方についての検討（たとえば、エリオット・S・ヴァレンスタイン『精神疾患は脳の病気か？』功刀浩監訳・中塚公子訳、みすず書房、二〇〇八年、デーヴィッド・ヒーリー『抗うつ薬の時代』林建郎・田島治訳、星和書店、二〇〇四年など）抜きに、しかも精神疾患治療という範囲を越えて、薬で幸福になれると考えるのはまちがいでしょう。

何か悩みがあることは薄々気づいているけれど、いまはまだ知らないままでいい、という場合があります。「それはこういうこと」と説明してあげたくても、そうしないでおくほうがよい、ということも。問題がわからないのはもどかしいかもしれませんが、「わからないままの状態を保つ」力が必要なときもあるのです。「何かを知らずにいる」ことは私たちの生活ではごく当たり前の状態です。「あの方のお子さん、こんど駅前の英語塾に行かせるのですって」と、あれやこれや近所の情報を集めたりつたえてまわることで、いらぬ軋轢*が生まれてしまうことがありますね。何を知りたいか、知らなくてよいこと、知るべきでないことは何か——そういう「思慮」をはたらかせることが、見守るという言葉にはこめられています。やがて本人が、「大切な問題はこれだったんだ」と気づくときがあるだろう。そのときに、「そうだね、よく気づいたね」と言ってあげられればいいと思う。だから、いまは見守っているのです。

「知らずにいる」ことの選択は、「聞かずにいる」勇気がなければとれません。つい問題を聞きたくなる。相手のことを心配すればますますそうなる。無関心でないからこそ、踏みこんで相手の問題に介入しなければという気持ちにもなる。それはそれで勇気のいる行為だし、「よく聞いてくれた」と感謝されることもあるでしょう。相手のことを知りたい、一緒に考えたいという気持ちは、人がともに生きるうえで貴重なあり方だと思います。しかしまた、「聞かずにいる」ことも、同じくらい勇気も配慮も必要な態度ではないでしょうか。相手が問題を持ちかけてくるまで、いつ持ちかけられてもいいように待っていること、そうやって「待っていてくれるのだ」とわかってもらうこと——そのためには、たとえ問題が何かまだわからぬまま、助けが得られる場所、眼（相手の気持ち）が届くところに居続けなければなりません。それこそ辛抱と勇気が必要な見守り方と言うべきでしょう。

問題の中身があきらかになったとして、答えを出さずにおくことも同様です。経験を積み、先がよく見えるようになった人には解決のすじみちもよく見え、答えの出しやすい問題というものがあります。「こうすれば簡単」とわかっていることを黙って見ているのは時間の無駄と思えますが、そうではありません。問題にぶつかっている人にとって、その問題がどう受けとめられ、どう解決されるかこそが重要な場合もあるのです。

また、その人にとって重大でしんどい問題、中心的な問題をまずはっきりさせ、その解決に取り組もう、何が大事な問題か発見しようと考えることも、問題解決型モデルにとらわれた単純化です。大事な問題とそうでない問題という安易な振り分けが危険であるだけでなく、「そのことを考えるのが死ぬほどつらい問題」を表に出すのは、それだけでも深い打撃を本人に与えてしまうかもしれません。大事な問題を取り上げるのではなく、小さなことがらを話題にしてゆくようにしましょう。

＊　たとえば、世間を騒がせたいじめ事件の加害者名を、私は知らなくてよいし、知るべきではないと考えています。少年少女をめぐる事件について、こうした思慮を投げ捨て、報道価値が何かについて考えようとしないメディアやネット社会の一部のあり方は大いに疑問です。

なやり方を、「ちょっと話す」の原則として説明している例があります。

「ちょっと話す」「一緒に考える」ができるようになると、相談しても上下関係や支配関係にはならないんだということが感じられるようになる。相談をしている側もされている側も、二人のなかで「あぁ、そうか」と何かが発見できるような関係になっていく。相談というものは本来そういう要素があるのではないか……（上岡陽江＋大嶋栄子『その後の不自由』医学書院、二〇一〇年、八九頁）。

「なるほどなあ」と思います。「ちょっと話す」小さなつながりは、だからといって、「大きな問題」にたどり着くための手段、作戦ではありません。「ちょっと話す」場に生み出される、一緒にその場にいること、わずかな間かもしれないけれどともにいるんだなと感じられることが重要であるし、それは真実の瞬間。そういう時間の積み重ねをつうじて、いろいろな問題をそこに広げる場が確かなものになってゆくのだと思います。問題解決モデル（治療関係）にとらわれず医師と患者がともにいるような瞬間を「素の時間」と呼び、そうしたかかわり方の意味を示唆してくれる文章をつけ加えておきましょう。

「素の時間」でのお互いのやりとりは、診療の際の「治療者－病者」の関係から離れていき、それは少し距離を置きつつも「話し手と聞き手」の関係に単純に還元され、互いの（社会的）役割は極度に薄れていく。そしてその「語り－語られ」の時間と雰囲気は、話題によって変化はあるものの一般に、柔らかいものとなり漂うように流れ、過ぎて行く。過ぎ去った後、治療者は白衣を着たまま取り残される。……中略……しかし、それは壊れやすいものであるからこそ、そういう時間にめぐりあえるのは幸運なことであり、それでも少しずつそういった時間が積もっていけば、なにか自然な安心感、少しだけの親密さ、揺らぎにくいおもり（＝錘？　お守り？）となってひっそりと機能する事になりはしないだろうか、と考えるに留める。おそらくそのためには治療者の余裕と、強迫的でない環境が必要になると思われる（樽味伸『臨床の記述と「義」』星和書店、二〇〇六年、三七〜三九頁）。

7 普通でいられる「社会」をつくる

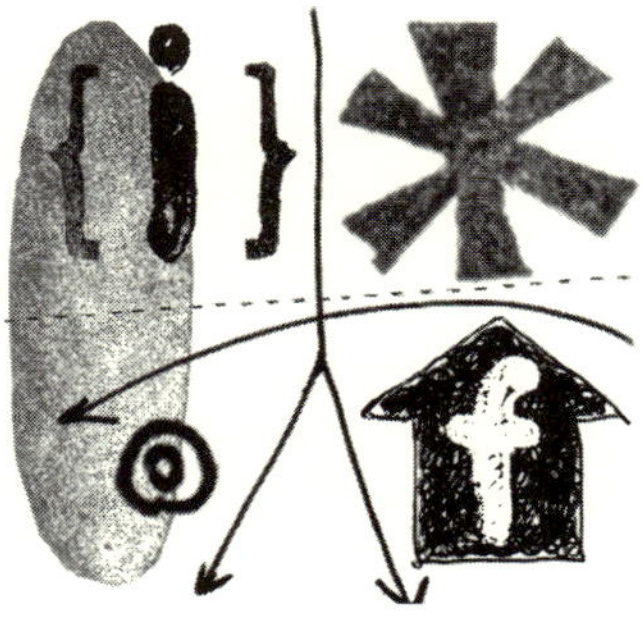

「がんばらずに生きたい」という夢

前節で見てきたように、「見守る」といった、教育やケアのかかわりのなかで誰でも何気なく行っているいとなみの内に、簡単には言い尽くせないさまざまなはたらき、「ともにいること」の技法がふくまれているとわかります。もちろん、何もせず傍観していることの口実に「見守る」という言葉を使うのでなければですが。

「見守る」ことがこれほどに重要な意味を帯びるようになったのは、一緒にいること＝社会的なつながりを結ぶこと・「社会人」として生きることが困難になったからではないのか――私はそう考えています。人の絆が大切だと感じられ、いやというほど強調されたのは東日本大震災のときでした。震災と福島原発の大事故（安全性が確保できない原発開発を続けてきた結果としての大人災です）とは、社会の土台に人のつながりがあることを私たちに意識させました。「震災が社会の土台を揺るがしたのだ、それであらためて人の絆の大切さがわかった」と言われることがありますが、それは正確ではないと思います。震災、原発事故と、これに続く日本社会の「復興」過程があきらかにしたのは、そもそも社会の土台が揺らぎ、壊れかけていたのだという事実です。震災があってはじめて揺らいだのではない。震災以前に流行語になっていた無縁社会という言葉を思い出してください。当初は高齢者の社会的孤立に焦点が当てられた言葉でしたが、社会的な孤立状態は、子どもから高齢者まで、それぞれの様子はちがっていても、各年代層にわたっていることが指摘されるようになります。最近では、無縁社員という言葉が生まれ、会社のなかで孤立している、またそう感じている社員の存在が話題になっています。若者のあいだでは、以前から、「ぼっち」という言葉が使われ、同世代の社会（ウチらのシャカイ）から排除されてしまう不安や恐怖が広く浸透していることは周知のとおりです。要するに、誰もが、何かの事情・理由でいとも簡単に見放されてしまう「社会」が出現していたのです。

社会と言うけれど、その社会に生きる人間を見放し、孤立状態に追いやる社会とは、自分自身の土台を掘り崩す社会でしかありません。もっと言えば社会を壊す社会であって、そうなると、もう社会という言葉にはそぐわない、あちこちに人間を捨ててゆく廃墟のような場所だと言うべきでしょう。たとえて言えば、人々は、ネット端末だけが目の前にある宇宙船のコックピットみたいな部屋に住み、所々に無人コンビニの販売灯が赤々と街路を照らす「社会」です。

そんな社会から捨てられるのが嫌なら、友だちを確保するなり、金を稼ぐなり、それ相応の努力をしてもらわなければダメという要求が突きつけられ、「さあ、どうする」と迫られます。社会のなかでしか生きられない存在である人間が、社会人（つまりは人間の一員）であるためには、その資格があることを証明しろと言われる。内閣府が発表した引きこもり実態調査（内閣府政策統括官「ひきこもりに関する実態調査」二〇一〇年七月）での、引きこもり者六九万六〇〇〇人、引きこもり親和群一五五万人という人数は、このように迫られながら社会に出ることの難しさを示してあまりあるものでしょう。経済的貧困のために孤立状態におかれた若者等々を加えて考えるなら、問題の核心は、そうした若者たちの能力不足、意欲不足などではなく、壊れかけた社会のほうにこそあることが明確です。そうであるなら、子どもたちの成長・社会化の過程でぶつかるいろいろの困難を解消し、社会に出てゆくみちすじを整える教育・ケアの課題には、揺らぐ社会の土台をどのように建て直し、社会をどう変えるかという視点が不可欠のはずです。

こうして、ケアの課題には、社会をケアすることがふくまれています。社会形成のアートとは、この「どう変えてゆくか」が組みこまれた「ケア」の特質を示しています。そして社会形成のアートが必要なのは、特定の困難にぶつかっている子どもだけでなく、壊れかけた社会を綱渡りして生きる私たちすべてであり、個々の困難の克服は、この社会全体をどう変えてゆくか、私たちの将来の生き方をどう変えてゆくかという「目標の転換」につながる手がかりなのです。

人生の行き先変更とでも言えるこの「目標転換」の意義をまず確認し、「社会をつくる」という視点からケア的かかわりの意味について考えてみます。

ある中学生が、将来就いてみたい仕事があるかどうか聞かれ、「ツアー関係の仕事。オーストラリアにならら行ってみたい」と答え、「なぜオーストラリアに?」という問いに、「のんびりしてそうだから」と話したことを、ふと思い出します。

なぜそんなことが頭をよぎったのか。

「きっと毎日が忙しいのだろうな」と、いまの中学生の生活を想像したからです。「普通に」学校に行き、友だちとつきあい、部活にも参加し勉強も欠かさない、大人から見て申し分ない中学生生活を送っている子どもでも、気持ちのどこかに、「将来はのんびりがいいな」という憧れのようなものがひそんでいるのでは、とも想像します。「思春期」(といっても、親への反抗など昔風の思春期像を思い浮かべるのはまちがいですが)を迎えた子どもたちに、「学校はどう? 楽しい? 困っていることはないの?」と尋ねても、大方は(とりわけ男子では)、「んー、別に、普通」といった返事が返ってくるのではないでしょうか。大人が心配するようないじめとかは自分の身の周りにはないよ、という返答ですが、この「普通」には、「まあ、学校生活はこんなものだろうし、おたがいに友人関係で波風立てるようなムチャはしないし、だから心配することなんかないですよ……」といった、実に「味わい深い」意味がこめられているようです。

「まあ、こんなもの」という醒めた感じ方を、まだ若いのに不甲斐ないと思う大人がいるかもしれません。学校生活だけでなく、自分たちの将来についても大して期待を抱かない。下手に高望みせず、できる範囲で生きてゆければそれでいいやと映る「覇気のなさ」「夢のなさ」が気にくわないという評論家や経営者の文句もよく聞かれます。実際、若い世代が親しむライトノベルやジュヴナイル・フィクションでは、「希望に満ちた未来」とか、「華々しく成功する人生」などはなから捨ててかかる少年少女がたくさん登場します。お話の世界だから特別にそうなったわけではなく、それは、いまこの日本社会で生きている子どもたち、若者たちが抱いている現実感覚の正確な反映なのだと思います。「小学四年生の夏、……、心に決めたことがある。これからは、世界の片隅で、ひっそり目立たずに生きていくのだ、と」（木ノ歌詠『熾天使たちの5分後』富士見ミステリー文庫、二〇〇五年、七一頁）――こんな決意を秘めた小学生が現実にいるなどということは、大人にとって想像外にちがいありません。けれど、友だち同士でつくる「ウチらのシャカイ」での葛藤や軋轢に少し敏感に反応する子どもにとって、この感覚はとてもなじみ深いもののはずです。次のような例になると、さらに話はリアリティを帯びてきます。

「あんまりがんばらずに、生きていきたいなぁ。

――家に帰って夕方のアニメ番組を見ながらつぶやいたら、母親に頭をはたかれた。母親は台所でお芋を煮ていて、食卓のテーブルに早々とついた義父は、夕刊を読みながらぼくと母親の会話を聞いていた」（桜庭一樹『推定少女』ファミ通文庫、二〇〇四年、一二頁）息子の頭をはたく母親の気持ちもわかるし、でも、「がんばらないでいい世界に生きたい」子どもの思いの切実さもつたわってきます。大人に向かって、こうストレートに「がんばらずに生きたい」とは言えないから、子どもたちは、「普通」という曖昧な言葉ですり抜けようとするのですが。それでも、こんどは「世の中、普通に生きるためにだって大変な努力が必要なんだよ」と言い返されそうです。

そのとおりです。普通に生きることがもう大変、それを呑みこんだうえで、「どんな具合に生きているの？」という問いに、「どうって、普通」と返答してみせるのでしょう。そういう「普通」はアヒルの水かきのような状態なのだと思えてなりません。水面下で必死に水かきすることで、すいすいと水面を渡ってゆくように見える「普通」です。それなのに、覇気がない、若いのだからもう少し大志を持ってもいいのでは、などと言われたら……。大人にやさしい若者たちは、面と向かって反論などせず、黙ってため息を吐くか、「そうなんですよね」と聞き流すくらいでしょうが、「あ、やっぱりこの人も、私たちのことを水かきが足りないと見ているんだ」と確信するにちがいありません。「わかってないんだな」という幻滅感とともに。

「キラキラ輝いて見えない」とか、「いまいち意欲が感じられない」と映る若者たちのすがたは、一面では、若者に希望を持たせせない日本社会の現実とかかわりがありそうです。しかし、それだけではなく、「あまりがんばらずに生きていきたいなあ」という素直な願いを、夢や希望の表明と受けとることのできない大人の側のうかつさにも注意すべきだと感じます。これから先の人生にこめる「夢」や「希望」のかたちが、この二〇年ほどの間ですっかり変わったことに気づかないうかつさです。

「がんばらずに生きたい」をもう少し広げて言うなら、アヒルの水かきを一生続けてゆくような窮屈な生き方、働き方から抜け出したい、もっとのんびり過ごしたい、「やればもっとできるのに」と駆り立てないでほしい、とやかく言われず好きなように過ごしたい……というような感じ方。夢や希望という仰々しい言葉では、そうした感じ方の肝心な部分がうまくつたわらないし、「俺に野望はない。今のところ夢もない。大志もなければ望みもない。ただそれなりに生きてゆければいいと思っている」（片山憲太郎『電波的な彼女』集英社スーパーダッシュ文庫、二〇〇四年、三一七頁）と言ったほうがずっとぴったりする感じ方ですが、それでもやはり、その願いは夢の一つのすがたなのです。しかも、そんなふうに夢のすがたが変化したのは個人の問題ではありません。必死に水かきをしていなければ沈んでしまうような窮屈で身動きのとれない状態を、多くの子ども、若者が嫌だと感じ、人生の目的も社会のかたちも、そこから抜け出す方向に向かってほしいと願っているからです。

実は、一九八〇年代の経済大国、バブル経済の時代からひそかに育ってきた、若者たちのそうした意識は、いまでは、余計なモノを買わない、車に乗らない、旅行に行かない……といった具体的な行動としてはっきり現れるようになりました。これまで大人たちが当然と思ってきたのとはちがう生き方、別の社会のほうがよいという考えを自前の言葉ではっきりと表現する若い世代も次々に生まれています。それは偶然ではなく、日本の社会が、歴史の大きな流れのなかで、転換点にさしかかっていることを示すものです。高度成長期から九〇年代まで、経済成長に支えられた豊かな社会を実現することが、一人ひとり意識していなくても、社会のあり方を方向づける目標となっていた。その目標が終わりを告げようとしています。

日本社会の将来だけでなく、グローバル資本主義と呼ばれる世界秩序全体の、この歴史的変化について、ここでくわしく触れることはできません。半世紀を超える「戦後」という時代が終わり、その時代には自然に感じられた生き方や社会像もまた転換を遂げようとしていること、そしてそのことを若い世代がとりわけ敏感に感じとり、自分たちの未来をこれまでと同じようには考えなくなったこと——それだけを確認しておきたいと思います。「がんばらずに生きたいなあ」——アニメ「けいおん」の主人公たちのように、もそもそとおしゃべりしながらまったり過ごせるような未来こそ、若い世代が描く、窮屈でない世界の夢なのでしょう。

そのように目標が変化したことの象徴として、たとえば、「原発はいらない」という意識をあげることができます。安倍政権や経産省、電力業界と財界が原発開発を何とか続けようといくら乱暴なやり方をすすめても、国民の多数意識は、「原発はなくてもよい」と変わっていません。「電力をなるべく使わず、原発なしで暮らせるような社会をめざそう」という多数の意思は、ごまかしと目くらましの政策がすすめられても、日本の社会に、いまはじめて根づこうとしています。遅すぎたという感想を持つ人もいるでしょうが、大きな変化であることは確かです。誰かに強いられたわけでないのに、「電気を、エネルギー資源をなるべく使わずに生きる」という目標の立て方、何かを使わない、しないようにする……といった、いまの生活から減らしてゆけることを考える生き方、社会のつくり方は、あきらかに新しい姿勢であり、歴史の最先端にある感覚だと思います。アヒルの水かきを続け、それが無理になった人から水中に沈んでゆく社会とはちがう、豊かに生きることの中身をそういう世界でないところに求めること——「普通でいい」と、大人たちの期待を裏切る、無欲で「草食系」の若者たちの登場は、そうした転換がいま現在進行中であることを暗示しています。

「でもね……」と自分自身に囁いてみる

もちろん、現実生活では、私たちのほとんどは相変わらずアヒルの水かき中です。そうしなければ沈んでしまうのですから。くたびれ果てて休んでしまっても大丈夫な支え、そういう支えを備える社会が身の周りになければ、力のかぎり水かきを続けるしかありません。ですが、私たち一人ひとりの力には限りがある。それは前に述べました。社会的支えに頼らない超人でない以上、水中に沈む危険は誰にでもあります。じゃあ、水かきを止められるかというと、他の人がそうしているかぎり止められない。ジレンマです。「私が二人分、水かきするから、その間つかまって休んでいていいよ」という親切な人が世の中にはいるから、それでも何とかなっていることがあります。でもやはり、親切にも限りはある。親切にとどまるのではなく、そこに垣間見えるケア的かかわりを、社会をつくり変える足がかりに据えなければ、親切の共倒れに終わることでしょう。たとえば、介護に追いつめられる家族のすがたは、そうした共倒れを強いる無縁社会の無慈悲な結果です。

自分だけでは水かきを止められないとおたがいがわかっているジレンマは、社会をつくり直すこと（ケアすること）が、その課題に直面している本人だけでは実現できないことを意味しています。ぼっち状態におかれた人が、「誰か私と仲良くして」と周りに呼びかけて――秋葉原無差別殺傷事件の加害者が犯行前、あるサイトに出し続けた、「自分みたいなブサメンには誰も寄ってこない」という膨大な投稿（つぶやき）が思い出されます――も、いっそう引かれてしまうのが落ちのように、孤立させられた個人にその状態をはね返すようがんばれと励ましても無理なのです。中学生デビュー、高校生デビューで「ぼっち」を抜け出そうとがんばる少年少女の物語がよくあります。お話の世界では何とかなったりもするのですが、現実はそううまく運ぶとはかぎらない。うまくいったとしても、それは周囲に認められた水かきができているというだけのこと。ぼっちのときにだって努力していなかったわけでないとすれば、孤立せずにすむかどうかは、結局、自分では決められないことになります。その場（社会）のつくられ方次第で、誰かが水中に沈められてしまう。おたがいのかかわりあい方とポジションの取り方によって、「空気が読めないヤツ」と判定される誰かが出てしまう世界ですから、空気を読み合うという「水かき」を誰も止めることができない。もし私が水かきもそこそこに、ゆったり生きたいと願うなら、他の人にも一緒にそうしてもらわないと困る難儀な世界と言えるでしょう。

他人を巻きこまないと自分の窮屈さがなくならない関係は、考えてみれば、社会をつくるいとなみでは当然です。自分だけで何とかできると思えないことには、それなりの利点もあります。「私一人ではダメ」という立脚点、「何でも一人でできてはいけない」という大原則が、自分のなかにしっかりすわるからです。他者とのかかわりあい、コミュニケーションを成り立たせる大原則であり、社会を成り立たせる基礎でもあります。この立脚点を具体化し、他者とともにいられる世界をつくる「努力」と技法を、かりに「ダメをみがく」と呼んでおきましょう（あまりに魅力的な言葉なので、津村記久子さん、深澤真紀さんの対談集タイトル、紀伊國屋書店、二〇一三年、から借用*しました）。水かきの速度を緩めたり、他の人の「ダメさ」を許したり、ダメじゃない部分の効果を何倍にもしたり……という具合に、ダメのみがき方はいろいろですが、社会（かかわりあい）の力を伸ばしてゆく点では共通です。

そこで、ダメのみがき方を考えることになりますが、その前に、「私がダメだから、うまく生きてゆけない、社会のお荷物と言われても仕方ない」などとは思わず、自分の窮屈さを他の人とのかかわりの場に持ち出してゆける、足場のつくり方について考えてみましょう。「お前がもっとしっかりすればいいのだ」と迫る圧力、水かきが足りないと責める圧力が強い社会のなかで、「でもね……」と、心のなかで「ノー」の声をあげ、気持ちを確かめるやり方です。窮屈な生き方に順応しろという圧力がどんなに強力だとしても、少なくとも自分の気持ちのなかでは、「でもね……」とつぶやくことができる。

「でもね」と、世間に向かっても自分自身に対してもダメ出しすることが大切です。こんな窮屈な生き方、働き方はしたくないと本音で訴えようものなら、たちまち、たくさんの反撃を（それも権力、財力をふんだんに使える側からの）浴びてしまう社会で、「でもね」と言えるかどうか。「もう少し状況を考えて行動したら」とか、「あなたのほうにだって、そうされて仕方ない隙があるんじゃないの」とか、「正論だけで世の中通らないのが当たり前」とか、「みんながこれでいいと思っているのだから、目くじら立てることないじゃない」とか、「実力つけてからモノを言えよ」とか、「悪くしないから、とりあえず言うことを聞いたほうがあなたのためだよ」とか、こちらが力も財力も持っていないことを見透かしてかけられるありとあらゆる圧力、甘言、諦めへの誘惑に対し、たとえ力で対抗できず、押し通されてしまっても、自分の心は「でもね」と言えるようにしておく。頭を垂れず、納得できない自分を捨てないでいること。いったん、自分の感じ方がおかしい、自分のほうがダメだ、恥ずかしいと思いこまされてしまうと、「ダメだなあー」と思う自分までも否定し、「でもね」と内心で囁ける場所さえ奪われてしまうからです。以

＊　たとえば、こんなことを考えます。一人で年間五〇億も稼ぐ人がいたとします。ダメじゃなく、とてつもなく有能な人なのでしょう。その稼ぎの半分でも、貧困のために孤立状態にある人にまわし、数千人の人がラクになるとしたら、一人でお金を使ったり貯めこむよりも、社会を豊かにする効果ははるかに大きくなるのでは。

下の説明のように。

「自分の欠点と自分自身を隠蔽するかわりに、こんどは自分の羞恥、自分の隠蔽行為そのものを隠そうとする。彼は突然、たとえば、〈平然たる態度〉や厚顔な態度といった、羞恥とは正反対の態度をとる。恥じていることを隠すために、いわば丸裸になって、恥ずかしく感じている相手だけでなく自分自身をもだまそうとする……」（ジークハルト・ネッケル『地位と羞恥』法政大学出版局、一九九九年、二五二〜二五三頁）

恥ずかしいと感じることさえ、自分に偽り、そうじゃないと思いこませる。力がないことが恥ずかしい、貧しくて恥ずかしい、欠点だらけで恥ずかしい、そう恥ずかしく思わせ、恥ずかしいと思う感情さえ隠させるのは、実は、誰かを劣等の位置における権力の技、権力を用いた社会のつくり方にほかなりません。「でもね」とつぶやくことは、私の心はそういう社会を認めているわけじゃないと確かめる最初の一歩と言えます。まるきり無力で無知だと思われ、相手の言いなりに振る舞うことを当然のように強いられる人が発する「でもね」の深い含蓄を味わってください。母が娘に言い聞かせる以下の説明がそうです。

「それは大変なことなの。黒んぼ《ニガー》であって女だってことはね。他人がこちらを弱いと思っているときに強くなれることなの。独りぼっちのときには泣くけれども、そのあと、世の中に出ていって、世間に向かいにっこり笑って、『はい、わかりました。』っていえるほど強い、ということなの。自分たちがとても素晴らしく、すごく頭がよく、だからうんと偉いんだ、と思ってる白人全部に向かって『はい、わかりました。』といえるほど強い、ってことなの」

（ロバート・コールズ、ジェーン・ハロウェル・コールズ『危機を生き抜くI　アメリカ女性の闘いと希望』朝日選書、一九八三年、六頁）

「自分は強いんだ、偉いんだ」と見せつける相手に向かって、「はい、それはわかっています」と言えること、相手が力を誇っているのだということまですっかり呑みこんで、そういう関係をわかっていること、「他人がこちらを弱いと思っているとき」、その弱い位置におかれているからこそ、おたがいの関係をわかってしまうこと――「弱者」にさせられた存在が、だからこそ、強者と弱者の不平等な関係をまっすぐにとらえる強さを持っているのだというこの指摘は、たとえば、現代日本の職場に横行するパワハラのような場面でも、被害を受ける弱い者の側をきっと力づけるはずです。

「そうです、あなたは強く、私は弱い。でもね、そういう不平等な関係にあることを私は確実に知っています。不平等な関係を利用して、あなたが力を振るっているだけだということも。そして私が弱いのは、私自身のせいでないことも」――そうやって、「でもね」と囁ける内心の場所を持つことで、身動きのとれない窮屈な関係を抜け出してゆく小さな足がかりが築かれるのだと思います。

「でもね」と自分自身に囁くことは簡単に見えて、実際には難しい。「自分さえもう少しがんばれれば」と思わせる自己責任の圧力が、いつものしかかってくるからです。「でもね、そうじゃないんだなあ」「やっぱりそれはどこかおかしいよ」などと感じる違和感、異議を内心で確かめることは、それ自体がもう、みんなで自己責任を追及しあう圧力への抵抗と言えます。何かの出来事をつうじて、「あ、私はいまの暮らし（職場）に満足してはいないのだ」と気づく。そうやって何かに気づくたびに、気づいた自分に一ポイントをあげ、ポイントが貯まってゆくのがわかる。問題や困難だけでなく、「子どものこんなすがたを見つけた」と思ったら、やはり一ポイントを。自分で自分を確かめるそれらのポイントは、窮屈な現実に流されず、「でもね」を積み重ねてゆく軌跡です。「仕事に子育て、今日もてんてこ舞いで働いた、疲れた」とぐったりしたときにも、「疲れたなあ」とため息をつく自分に一ポイント。そうやって積みあげられた「でもね」の力が、身動きできる「可動範囲」を少しずつ広げてゆくための資源になるのだと思います。

「そばにいる誰か」であること

「でもね」と感じてしまう心の「出口」を独力でつくるのは難しいと言いました。思っていることを外に出せないのは苦しい。けれど、一人で思い続けるには、それなりの条件なり環境なりが必要です。誰にも知られずに思いきりグチや恨み言を吐き出せる壺の話がありますね。現在で言えば、裏アカウントを使ってツイッターで表では言えない気持ちを吐露するようなものでしょうか。もっとも、裏アカウントを使っているから誰だかわからないはずと思うのはまちがいですから、秘密の壺とはちがいます。では、絶対他人に知られぬよう、内心でつぶやければよいかと言うと、それだけではすまない問題があります。

ツイッターでつぶやくとき、匿名で自分が誰かを知られないようにしていても、そのつぶやきをフォローする誰かがいます。聞いている誰かがいるだろうということ、そこが内心でつぶやくこととのちがいです。名前を知られていないからといって存在しないのではない。一人の人間であることが認められる。内心でつぶやくこと(そのこと自体は、前節で述べたように、人間の自由を広げる一つの手がかりですが)ができても、それを聞く人はもちろんいない。秘密の壺を持っている人、心に思うことを抱えられる人だということが知られない、ということです。「知られない」とは、「無視されている」と言い換えてもよいでしょう。ツイッターでつぶやいても、まったく誰も聞いている様子がない。反応がゼロと思える状況はこれと似ています。私が何をつぶやき、何を感じていようが、そういう私の存在自体に誰も注意を払わない、いないのと同じように扱われる。そうなれば、つぶやきもつぶやく私も社会の外に放り出され、見えない存在にさせられてしまいます。

これは社会からまるごと人を放り出す、社会的排除という力です。社会的排除の力、人を社会的孤立に追いやるはたらきが日常生活のいたるところに存在していることを、私たちは肌で感じているはずです。それらすべてにここで触れることはできませんが、いじめの強力な一手段である無視だけを取り上げてみても、孤立させられることの恐ろしさ、深刻さは想像がつくと思います。自分はいないのと同じ、死んでいるに等しい存在なのだと思わせるほどに深く、絶望的な孤立状態です。

「私は死んだの」「もともと死んでいたの。みんなにとって私は、存在しない人間だった」「誰も私に目をとめない。誰も私に話しかけない……。勇気を出して、自分から話しかけたこともあった。でも無視されたの。私は自分がそこにいないみたいに感じた。なにもしないときより、もっと」（『スクウォッター　僕と僕らの境界線』後藤リウ、二〇〇八年、八一～八二頁）

こんなふうに私は死者と同じだ、透明人間だという「人間像」は、ライトノベルの世界ではそれほど珍しくない、むしろ身近な存在といったほうがよいくらい登場します。作中の人物はそうやって自分のつぶやきを表に出しているわけですが、現実の世界では、そうしたつぶやきが外側に聞かれるのは、遺書のような場合（あまりに悲しいことですが、自死を遂げた少年少女の遺書は、決して押しつぶされなかった心の証しだと言えるでしょう）に限られます。内心のつぶやきさえも押しつぶす社会的排除の力が恐ろしいのは、自分の気持ちなど取るに足りない、私が何を感じようと誰も気にしないのだから悩むだけムダと、当の本人に信じこませてしまうところにあります。*「辛いとかおかしいとか嬉しいとか感じる私の気持ちだけは消すことができない」、「私の気持ちも、そう思う私自身も私のもので誰もその真実をなくせない」と思えるのは、そういう自分のそばに誰かがいるから。ツイッターでつぶやくとき、聞いている誰かがいることを信じているように。私のつぶやきが押しつぶされずにあるのは、それを聞くことのできる（実際に聞いているかどうかではなく、つたわる可能性がある、信じられる）誰かの存在を信じられるからなのです。

以上のことから、内心のつぶやきを可能にし、その人がその人自身でいられるためになくてはならない「誰か」とはどんな存在なのか、そういう「誰か」でいられるためにどこにいればよいのか、という問いが生まれます。

「社会人」である人間は、そうした他者の存在を、可能性として信じることができるから、たとえ一人きりで、独り言を言うしかない環境にいても、社会の一員だと信じることができますが、これから社会の一員に位置づけられようとする子どもたちはそういうわけにはゆきません。「私が私でいること」を支える他者の手がかりが一切断ち切られた人もまた、同様の困難にさらされます。そんな人間が現実にいるのだろうかという疑問は、それこそ現実をちょっと確かめるだけで解けるはずです。誰の支えもなく、人知れず餓死する方が現に、この日本社会に存在すること、行方がわからず生死不明の子どもたちが存在すること、明日の食事もままならずネットカフェで一夜を過ごす人……日本社会のいたるところに、社会からはじき飛ばされた人々が存在している

＊　そんな徹底的に社会から排除された存在を「生ける屍」と呼び、自分がそんな存在であることを克明に綴った、「黒子のバスケ」脅迫事件被告・渡邊博史『生ける屍の結末』（創出版、二〇一四年）は大きな衝撃を与えました。

のです。

孤立の危機にさらされたこれらの人々が、とりあえず、「私だって人間で、ここにいる」と思えるために不可欠な「他者」（誰か）とは、どんな存在で、どこにいればよいのでしょうか？

孤立の困難や生きづらさを解消するための具体的支援ができるかどうかが、そうした他者の資格ではありません。それ以前の、もっと基本的で、素朴な支えの位置にある他者、たとえて言えば、隣にたまたますわっていることで、その人の人間としての存在を認められる関係にある他者です。そのようにそばにいることだけで関係などと言えるのか疑問に思うかもしれません。ですが、電車で隣り合わせた人が気づかず落としたモノを拾ってあげるとき、それを可能にする関係が、隣り合わせにすわることで準備されていたことがわかります。教室で誰かが落としたシャーペンを拾うどころか無視して誰も近づこうとさえしない関係とのちがいは明確です。具体的な支援（ケア的かかわりとして通常イメージされる）があるかどうかではなく、ただ人間同士としてそばにいるとわかりあっている（認め合っている）かどうか、もっと言えば、孤立している側がその関係を信じられなくても、他者の側がそばにいる存在であるかどうかが肝心な点です。「隣り合ってすわっている」と述べたのは、そういう位置の比喩で、人間同士として、ある場に居合わせることを意味しています。学校の運動場で遊んでいる子どもたちであれ、駅の構内で通り合わせる人同士であれ、たがいにそういう「他者」（誰か）として位置している、ということです。

声をかけるわけでもない、見ず知らずの人のそんな関係に何か意味があるとは思えないかもしれません。しかし、通りすがりの誰かをまるで石ころのように見てしまうことと比べれば、「誰か（人が）歩いているな」とわかっていることは、かかわり方に大変なちがいがあるはずです。教室のなかにいても石ころと同じように扱われるいじめが、人間同士として隣り合わせるという、社会のもっとも基本的な支え、土台を壊していることも理解できるでしょう。

もちろん、そばにいながら、いない振りをする「配慮」の必要な状況もあります。人に見られたくない失敗をしてしまった人に、そばにいながら、「気がつかなかったよ」と見て見ぬ振りをする場合。「儀礼的無関心」と呼ばれる態度で、相手が気に病むだろうから知らない振りをしておこうというものです。儀礼的無関心として示されるやさしさ、配慮は、しかし一番土台のところで、「そばにはいたんだよ」というメッセージがこめられています。すぐそばで気づいているかもしれないのに何もなかったかのように振る舞うこと、そこにはやはり、人間同士が居合わせる関係がしっかりと存在していますから、相手を石ころとみなす無関心とはちがいます。

このように、誰かと同じ場所に居合わせるという関係は、見守るかかわりあいのもっとも広く、薄いかたちなのかもしれません。薄いと言うのは、声をかけあうことがない、普通の意味で相手*

＊　この場所がどこまでどのように広がっているのかについては慎重に考えるべき課題です。ネット社会で「居合わせる」関係はどうなのかといったこともふくめて。少なくとも、直接には見えない関係だから相手は石ころとみなすべきでないことに注意したい。

を知らない等々、人間関係と言うのもおこがましいくらいぼんやりとしたかかわりあいにすぎないからですが、それにもかかわらず、私たちが「私という存在」でいられるための根本的支えである、「誰かがいる」という条件、社会の基礎をつくっているのは、この「薄い」かかわりあいなのです。

こう考えてくると、「あなたという人がいることをちゃんと承知しているよ」とつたわる（信じられる）場所にいることは、一面では、それほど難しいことではないように思えます。「誰も私に話しかけないで、そばにいないで、来ないで」というオーラを発するのでなければ、誰かと居合わせることは簡単で、むしろ人はそうやって否応なくともにいることのほうが多いと言えます。黙ってそこに佇んでいるだけでも、「そばにいる誰か」としての位置を確保できるのだということ。友だちが苦しんでいるのを気にかけ、「でも、自分には何もできない」と考えてしまうのではなく、「そばにいる誰か」でいられることの意味、大切さをわかっていただければ。

相手なしには成り立たないコミュニケーション

「そばにいる誰か」の位置を確保することが簡単なのは、そういう自分もまた、相手を「そばにいる他者」と認めているからです。つまり、たがいのかかわりあいのなかで、それぞれが「自分」としてはじめて位置づけられるから。知らない人に話しかけられても、さらにその言葉がよくわからない外国語だとしても「はい?」と返事する、一人で泣いている子どもに「どうしたの」としゃがんで話しかける……そんなコミュニケーションが生まれるのも、たがいに「そばにいる他者」であるかかわりが根っこにあるからです。（ひょっとすると、このかかわりあいは人間同士のあいだだけでなく、「他者」としての動物とのあいだでも出現するかもしれません。たとえば、猫がある人間を、自分が生きる世界の一部である「他者」と認めるとき――それには、たがいをかかわらせる場と振る舞いとが必要ですが――がたしかにあるように。）

ケア的かかわりの核心あるいは土台を考えてみると、この、たがいに「そばにいる誰か」であるようなつながりがそうではないのかと思えてきます。そもそも、このつながり抜きに何らかのコミュニケーションが生まれることはないのです。自分だけでは何もできない「むー」君というロボット（!）を開発したロボット工学研究者の方が、この点を大変的確に指摘しています。

「語りかけに対して私たちが無意識に応答責任を感じてしまうのはなぜだろうか。その発話が『誰かの支えを予定しつつ繰り出されたこと』を自分の身体を介して知っているためである。つまり、同じ『不定さ』を備えているという点で、他者の身体が私の身体から共同性を引き出している。こうした拮抗した関係性が一つの『場』を生み出している」（岡田美智男『弱いロボット』医学書院、二〇一二年、九四頁）

「ポイントとなるのは『一人では動こうにも動けない』という、自分の身体に備わる『不完全さ』を悟りつつ他者に委ねる姿勢を持てるかどうかである」（同、一一七頁）とも述べている、その論旨は明快です。人間一人ひとりは、誰でも不完全で自己完結した世界をつくれない存在であるから、その不完全さをバネに、そばにいる誰かの支えを引き出そうとする。つまり、「そばにいる」と筆者が呼ぶ具体的な（アクチュアルな）あり方をつうじて他者に向かって自分の不完全さをさらして見せること――これがコミュニケーションの本質だというのです。

こうしたとらえ方が、コミュニケーション・スキルをみがこうとか、プレゼン能力の良し悪しであなたの評価は決まる等々、世の中で常識として語られるコミュニケーションのとらえ方とはまったくちがうことに驚かれることでしょう。実際、ロボットの「むー」君は、「む、……」などと、わけのわからない反応しかしないのに、「むー」君がその場におかれることで、周りの人たちがわいわい応答を始めるそうです。「コミュ障」のロボットがそこにいるからこそ、たがいの話がはずむ場が出現するのです。同様に、幼児が「口下手」だからコミュニケーション能力に欠けるとは言えないこともわかるはずです。「口下手」の幼児が応答を引き出す「天才」に思える瞬間を経験された大人は多いのではないでしょうか。

以上からわかるように、次から次に話ができるから積極的で、何も言わずじっと聞いているだけの人は受身だという紋切り型の理解では、コミュニケーションの核心部分が見失われてしまいます。以下の例は、コミュニケーションがうまくないと悩んでいる大学生からの質問です。コミュニケーションがうまくないと言っても、二つの悩みは正反対です。

「私は友だちのように上手に好きな相手に話したりベタベタすることができません。どうしたらうまく話をできるようになりますか？」

「誰とでもつい気軽にしゃべってしまい、うまく距離をとることができません。そのために誤解されたり、軽い奴だと信用されていない気がします。どうしたらもう少し落ち着いて深く話ができるようになりますか?」

それぞれの人間が持っている「不完全さ」――それが他者をそばにいられるようにする手がかりだという意味では、破れ目ないし余白と呼ぶことが適切かもしれません。自分ですべてを仕切れない余白があるからこそ、誰かが占めることのできる場所が生まれるのです――をさらすことで相手の支えが位置づき見つかるというコミュニケーションの特質からすれば、どちらの悩みも、切実であるとはいえ、そう気づいている時点で、「うまく話ができればいい」という方向での解決は解決にならないとわかるでしょう。自分がうまく話ができるような力を持つこと、たがいの関係・距離感を都合よくコントロールできるようになることは解決とは言えません。それでは、自分の不完全さを殺すことで、かえって他者がそばにいられる場を狭めてしまうからです。とりわけ現代社会では、自分の弱みを見せず相手に反論の余地を与えぬための語り口が全盛を極めています。取りつくシマもないマシンガントークや相手をやりこめねじ伏せる「力」を背景にした談話など、コミュニケーションの豊かさ(それは、たがいにそばにいられる関係を広げる社会全体としての豊かさでもあります)を傷つけ損なうやり方がまかり通る現状は深刻です。黙って聞かせておけばよいし、ものが言えぬ人間は無視されても仕方ないと言わんばかりの「コミュニケーション」技法は、勝者となり「弱者」を従わせることを目的にした悪質な扇動手法と言うべきではないでしょうか。*

相手にはたらきかける積極性が重要で、その力を育てようという、一見当然の主張も、こう考えると、注意が必要になりそうです。「相手に話を言い聞かせられるような存在になれ」という要求は、「聞く」という、受身に見える文化的な力量なしには成り立たないコミュニケーションのすがたを曖昧にしかねないからです。自分の話すことをどうやって聞かせるかばかり追求することは、前に述べた、力（権力・暴力）を使って相手を思いどおりに動かす関係を正当化してしまいます。聞くことのできる文化が社会にどれだけ蓄積されているか、蓄積されてきたかのほうが、人間同士のつながりにはるかに重要であることが見過ごされるのです。話を聞くこと、聞けることが受容的態度と言い換えられ、ケア的かかわり方の一つのかたちのように言われることがありますが、ここでの「聞く」は教育やケアの専門性にかかわる聞きとりよりも広い意味に考えてください。たとえば、「わかりの遅い」人が何度も同じことを尋ねるという場合の「聞き方」も聞く力の内にふくめたいのです。「いや、それは聞く力が足りないのだから逆ではないか」と不思議に思われることでしょう。ですが、繰り返し説明することでわかりやすいつたえ方が発見され、鍛えられもするという関係では、「わかりが遅い」人の聞き方は、コミュニケーションを豊かにする見地から、マイナスではなくプラスに評価できるはずです。

「話す」も「聞く」も「黙っている」も、このように、たがいにそばにいられるようにする一つの入り口、踏み台だと考えれば、どうやって話すか、どんなふうに聞くか、どのように黙っているか……は、それぞれ、おたがいのかかわりあいのなかで「いる場所」を見つけるやり方として、優劣などない作業なのだとわかります。「うまく話せないとダメ」と焦るよりも、「どこだったら、この人のそばにいられるのかな」と想像してみるほうが、コミュニケーションをひらくためにずっと役立つのではないでしょうか。

＊ 近年の政治家が意識的にそうした手法を用いていることはきわめて問題です。「粛々とすすめてまいります」という言い方が、実は相手の主張、考えなど聞く気がない、無視するという態度の婉曲表現であることは、翁長沖縄県知事による菅官房長官や安倍首相への批判で知られるようになりましたが、そうした攻撃的態度に裏打ちされた「コミュニケーション」スタイルは、たんに言葉の問題ではなく、そばにいる他者の存在を否定する点で、社会の土台を掘り崩すものです。このようなやり方が政治の場で正当化されるならば、人々を社会に結びつける有益な手がかりとしてのコミュニケーションは無力化され、「問答無用」の振る舞いが結局は有効だと感じられるようになるでしょう。「実行力」がありさえすればどんな主張も通るという政治、政治家についての考え方は、独裁政治こそが理想という主張に等しいのです。

8

人がたがいに出会える「場」の秘密

思わず口を出してしまう状況とは——介入・コミットできる場はどう現れるか

「そばにいる誰か」であることはそれほど難しくはないと前節で述べました。ただし、それは、「誰も私に話しかけないで、そばにいないで、来ないで」というオーラが相手から発せられていないという条件の下でのことでした。たがいに人間同士としてかかわりあうのが難しい現在の社会では、本来ならごく自然にそばにいられるようにする土台（社会を成り立たせる広い意味での文化的条件）が貧弱になり、穴だらけになっています。誰も自分のことを振り向いてもくれず気がつきもしない社会的孤立という落とし穴が毎日の暮らしのあちこちに口を開け、落とし穴に落ちてしまうと、「私には気にかけてもらえる資格なんかない、そんな私を見るためにそばに来ないで」と思わされてしまう。孤立しないようにがんばる人は、がんばればがんばるほど、そういう努力をしなければダメなのだと思わされる。どちらにしても、ただおたがいにそばにいる他者であることが難しくなるのです。

そんな現実のなかで「そばにいる誰か」として自分を見つけてもらうこと、そうやってたがいに応答しやすい位置を見つけ出すこと――社会をつくるためにいま必要な、そうした「工夫」について考えてみます。工夫と言ってもテクニックという意味ではなく、かかわりあいを触発する視点と共同技法のようなものと考えてください。人間関係づくりのノーハウと単純化してとらえると、「関係をつくる」ことが、それぞれの人間個人の能力によってどうにでもなるかのように誤解されかねません。人が出会うことのなかに必ずある「思いがけなさ」が、それでは無視されてしまいます。ここで考えたいのは、思いどおりにならないことをも組み入れた「工夫」であり、思慮とも言えます。工夫とか技法と呼ぶのは、何もせず無関心でいることの否定をこめたいからです。「私の視界のなかに、あなたをしっかり収めている」と言えるよう意識して振る舞うこと。それは放っておけば誰かが孤立状態におかれることを拒絶する所作ですから、たとえそのように振る舞った結果が、自分の期待や予測と異なる思いがけないものであっても、相手（の生きる現実）に対する介入の要素を孕んでいます。「どうしたの」と囁くだけでも立派な介入であり、そういう介入の要素をきわだたせるために、工夫という表現を用いていています。

困っている様子の誰かに「どうしたんですか」と声をかけることは、相手が見知らぬ場合はもちろん、知っている人であっても、ちょっとした（ひょっとすると相当の）勇気がいることがあります。気軽にそう振る舞える人もいるとは思いますが、余計なお節介と思われるのではないか、かかわりあってかえって厄介なことになりはしないかなどと、先回りしていろいろと心配するからです。現代社会では困り事に対処するにも、その内容に応じてそれなりの相談先や解決機関がつくられていますから、そちらに任せればよいという考え方、感じ方もあると思います。実際、たとえば、ストーカーにつきまとわれて困っている友人の相談にのるといっても、どれだけのことができるかは心許ないでしょう。その問題について知識と対処経験を積んだＮＰＯなどの助けを得ることが有効な対処法であることはまちがいありません。個人では、そして家族や周囲の知り合いだけでは対処が難しいからこそ、その問題を専門的に扱う組織、団体がつくられるのです。それは、問題を社会全体で受けとめ考える一つのやり方で、そうした相談先を充実させることは重要です。

ただし、誰かがぶつかっている困難を、それに対処できそうな団体なり組織なりにすべて任せればそれでよいということにはなりません。あらゆる困り事について、それに応じた相談先があると言えないことはもちろん、相談先がある場合でも、そこに問題を丸投げすれば大丈夫とはならないからです。たとえば「いじめ」の具体的な事例にぶつかった（自分の知る範囲でいじめがあったと回答している人は多数ですから、これは珍しいことではありません）とき、「学校の問題だから学校に相談すれば」とか、「チャイルドラインのような所に電話してみれば」と言ってすませることはできないはずです。家庭のなかで起きている悩み事やもめ事について、それが子どもたちの生活にもかかわる以上、そうした悩みを察知したりぶつけられた教師や保育士が、相談先を紹介するだけですむということもないのです。そもそも話を聞きつけ相談先を紹介する「かかわり方」が、すでに、相手の現実に介入すること（コミットメント）です。どのように振る舞うか、はたらきかけるかが具体的に問われる場所に位置しているということです。「どうしたんですか」と声をかけることの難しさにもかかわらず、そうすべき場面がある。では、相手の現実にそうやってコミットする（できる）ために大切なことは何でしょうか？

前節で述べたように、「そばにいる誰か」であるのは一番根本的な条件です。この条件を満たしているだけで出現する介入はたくさんあります。たまたま目の前で転んだ幼児を助け起こす、駅までの道を尋ねられ返答する……というような場合がそうで、介入を実現させるハードルが低いと言うこともできます。ただし、前者の場合、転んで泣いている幼児をすぐには助け起こさず、相手の年齢に応じ様子を見ながら、「痛かったね、自分で立てるかな」と励ましたほうがよいと言う人がいるかもしれません。そういう介入には、成長や教育にかかわる専門性がふくまれていますから、「そこまで考え、発達段階を踏まえて」などと言われるとハードルは高くなります。しかし、ともあれ、「そばにいる誰か」の位置についていないことには、一番ハードルの低い介入ですらできない。ハードルが低いから大したことはできないと考えないでください。同じ人間同士としてその場に居合わせる「かかわり」が、あらゆる介入を可能にする出発点であり、根本条件なのです。

そのことを踏まえたうえで、「どうしたんですか」と呼びかけやすい、また声をかけられやすい出会い（かかわりあい）の条件を考えてみましょう。たがいに介入しやすいようハードルを下げるというふうに考えてもかまいません。

まず述べておきたいのは、前に少し触れた（九五頁）「場の雰囲気」、人がたがいに出会いやすいコンタクトゾーンの重要性です。「どうぞ何でも出してください」と言ったとたん、わあわあと話が盛り上がるシチュエーションを想像できますか？　それはどんなシチュエーションなのでしょうか？

そんな場のつくられ方が重要なのは、うまくかかわりをつくれる人や能力を考える前に、「どんな場だったなら気軽に自分を出しやすいか、たがいにコミットしやすいか」というように、一緒に集まってそこにいられる場の特徴に注意を集中できるからです。場を取りもつのがとても上手な人がいるのは事実でしょう。その人の周りになぜか子どもたちがわらわらと集まってくる、いわば一人でコンタクトゾーンをつくりだせるスーパー保育者やスーパー教師、スーパーお隣さんのような存在がいることも確かです。でも、「どうしたらそんな人になれるのだろうか」と悩むよりも、人が気楽に集まれたり、そこに居合わせた人同士なぜか話がはずんでしまうような「場」とシチュエーションとの「研究」をしてみたほうが、実のところ役立つのではないかと思います。スーパーパーソンがいなくたって、「場」や状況の魅力（磁力）でもって誰かと出会える、介入しやすくなる——そういうことはたくさんあるし、話の上手い下手や、人づきあいが得意、逆に苦手といった、個人の「能力」だけが追求されない点でも利点があります。

コンタクトゾーンの特徴を考える

コンタクトゾーンの特徴を考えるという課題は、大変広い範囲の現実的、実践的な検討を必要とし、この課題に関係する研究分野も、人文系や社会科学系はもちろん、医学、建築学にいたるまで多岐にわたっています。それだけ魅力的な課題なのですが、そうした広い範囲の検討をすべて行うことはできないので、ここでは、人がうまくかかわりあえる「場」や状況のイメージを持てるよう、いくつかの手がかりをお話しするだけにとどめます。

まず、コンタクトしにくい「場」のことを考えてみましょう。それによって、逆に、うまくかかわりあえるためのヒントが見つかるかもしれないからです。

人を気軽に集まれないようにしている場として、どんなところが思い浮かびますか？

いろいろな回答があると思いますが、私がすぐ思いつくのは、大都市でのラッシュ時の駅です。特にターミナル駅となれば、電車が五分遅れただけでコンコースにたちまち数千人の人がたまってしまうのがラッシュ時の状況です。立ち止まっていられないし、立ち止まる人がいると困りますね。小さな子どもを連れた家族など、危なくて、そもそもその場にいられそうにありません。階段も通路も、いかにうまくすすめるか、すれちがえるかを最優先させる設計になっています。

もっとも近年では、「駅ナカ」という言葉ができ、改札口を入った構内にたくさんの店舗が出現していますから、そちらはちょっと立ち止まってくれたほうがよい。矛盾していますが、駅はどこかへ出かけるための場所である以上、そこにのんびりたむろされたら困るという空間になっています。

ところが、同じ駅でも、所変われば性格が変わります。電車の本数が少なく、高校の最寄り駅になっている場所では、次の電車（といっても数十分とか一時間以上待つ）が来るまで、待合室は高校生たちのコンタクトゾーンと化していることがあります。実際ある駅で観察したことがあるのですが、お金が使えず外は寒いといったシチュエーションで、小テーブルがいくつも並べられ、三、四〇人は待っていられる待合室は、暖かい寄合所のような雰囲気に満ちていました。待合室がそうなるように意図されたものでないとしても、駅に居場所を求める人の必要が生み出した場だと思います。

このように、誰でも気づくことですが、人が肩を寄せ合ってそばにいたいという要求があり、この要求に応えられる場というものがあります。不思議なことに、人はそういう場所を見つけるのがとても上手い。同じように並んでいるテーブルでも、自分が居やすい場所を選べるし、あらかじめ設計されていて、「ここにすわれ」というような場所は不人気だったりします。

子どもたちがたむろする場所（というよりスポットと言ったほうが適切かもしれません）にも、何か理由がありそうですね。同じ店やコンビニでも、ちょっと「陰」になっている所。視角に制限があるスポットのほうが人はたまりやすいということでしょう。学校の直線廊下はたむろしにくい。途中に窪みをつくってみると面白いと思うのですが、学校はそういう試みが簡単に許されない場所のようです。中学生、高校生を主人公にした少女小説やライトノベルで、登場人物が、「ちょっと、ちょっと」と集まりやすい場所が設定されていることはよくご存じでしょう。学校の屋上は定番でしょうか。サークル部室も居やすい場所ですが、最近では「ビミョー」かもしれません。下駄箱の横だとか、あまり人の来ない花壇のそば、というように、どこに「居やすい」かは、なかなか難しい条件がありそうです。中高校生の場合、大人から隠れられる自分たちだけの空間という最重要の条件がありますが、条件はそれだけではないと思われます。

学校は子どもたちにとって生活の場ですから、そこに、自分たちが集まりやすいスポットをつくろうとするのは当然です。しかし、学校という空間は、基本的に、そこが子どもたちにとって集まりやすい場所になっているかどうかを判断基準にして設計されているわけではありません。教壇に立つ教師から全部が見渡せるあの四角い教室がその証拠です。その考え方は、歴史的には、看守から囚人がすべて監視できるパノプティコン（一望監視塔）という監獄のつくり方とかかわっていますから、教師がすべてを見渡せる、監視できる点に重きがおかれるのは無理もないのです。授業時間の教室は、子どもたちが、自分の机と椅子という「テリトリー」を等分に与えられ、教師に向き合う独特のかたちをとります。その同じ教室が、昼休みになると机も椅子も適当にずらされ、友だち関係がわかる配置に変わります。つくりつけの椅子、机だとそれはできないから、等質に見える教室という空間でも、そこを集まれるスポットにする小さな努力があるとわかります。「集まりやすい」という目的にそって教室を模様替えすべきだと考えたくなりますが、問題はそう簡単ではありません。以下の一節を見てください。

「由子にとって教室は地獄だった。／砂漠のように広くて、段ボールのように狭くて、宇宙のように寒い。／休憩《きゅうけい》のチャイムが聞こえて、由子は絶望的な気分になった。授業中はまだいい。授業中は、みんなが等しく死んでいるようなものだから。／けれど、休憩時間になるとクラスメイトはみんな息を吹《ふ》き返して、交《か》わす声や視線《しせん》で教室を埋めていく。そして由子の席の空白を冷たい輪郭《りんかく》で浮かび上がらせていく」（七月隆文『イリスの虹』電撃文庫、二〇〇五年、九〇頁）

授業中のほうがずっとラクで、自由時間は自分が「ぼっち」として孤立していることが眼に見える地獄だというのです。これはお話の世界ではなく、クラスのなかで孤立している子どもにとって恐怖に満ちた現実です。昼休みの数十分、じっと教室でうつむいている、本を読んでいる振りをする苦しさよりも、みんなが平等に身動きできない授業中のほうがまだマシ。実際、席替えという些細に見えること一つが「ぼっち」をあからさまにする「事件」になりかねないのだから。この考え方を徹底すれば、学校生活全体を授業時間と同じにすればよいことになりそうです。ハブにすることが学校外にもあふれているいまでは、生活のすべてをそうしてしまえ、という声が出ても不思議ではないでしょう。近年の学生食堂では、「ぼっち席」をわざわざ用意するところがありますから、一人でいられる空間をしくみとしてあらかじめつくってしまうやり方は一案ではあります。

でも、だから学校生活を子どもが集まれぬよう組み立てることが適切だとは思えません。自由に集まっているつもりでも、そこからはじき出される存在が出てしまう、そういう集まり方、社会のつくり方こそが問題なので、「集まりやすい場が誰かを排除しやすい」という関係を変えることが大切ではないでしょうか。この点は、最後にもう一度触れることにします。

ともあれ、子どもであると大人であると問わず、人は自分が居やすい、居心地のよい場所を探します。保育所で、お迎えに来る保護者の方たちがちょっとだけ話を交わすときにも、そうしやすいスポットがあるのでは。井戸端会議という言葉が示すように、生活の場で主婦たちがおしゃべりしやすい場というものがあり、そこで、近所のゴシップと入り混じり、暮らし向きや夫に対する不満だの、政治への文句などが活き活きと交わされていた時代があったのです。いまではすっかりそんな場も少なくなってしまったみたいですが、それは同じような場がないだけのことで、機会があり場が見つけられるなら、活発なおしゃべりが花開くことはまちがいないと思います。

生活上の必要、実用的な意味だけでなく、社会のなか（他者とともにいる関係のなか）でしか生きられない人間存在のあり方に根ざした必要（要求）に迫られて見つけられ、現れ、消えてゆく集まりの場は、計画的に設計できるものではないでしょう。出会いと同様、出会い方にも意外さが必ずふくまれているからです。だからこそ、たまたま楽しく過ごせた集まりの時間がかけがえのないものに感じられもします。とはいえ、人が居心地のよい場所、一緒に居やすい場所を求めるのであれば、その要求に応えられるような場の研究、工夫を試みることはムダではないでしょう。工夫したから必ずうまくゆくとは言えないけれど、そんな試みが広がることで、社会全体の「居やすさ」が増せばけっこうなことだと思います。少なくとも、ラッシュアワーの駅のように、立ち止まれず脇目もふらず通り過ぎるだけの場がおかしいぞと感じることはできるはずです。

集まるという現象は、そうしたいという意思、気分を備えた人間の行動ですが、場に焦点を当てると、「そこに引き寄せられる」現象とも言えます。街頭に一人で立っていても誰も寄ってはこない（むしろよけて通る）のに、ストリート・ミュージシャンが演奏を始めると、それを聴く人が集まります。人の演奏でなくても、「何か面白そうなモノが置かれている」でもよい。もっと些細な、置いてある椅子やテーブルの配置替えだけでも、そこにすわる人が増減するかもしれません。道ばたにすわれる場所が少なくなった現代では、ちょっと腰かけられるスペースのあるなしが、高齢者の集まり方を大きく変えたりもします。逆に考えれば、公園や広場、街路からベンチを撤去してしまい、人が寄ってこられないようにする、つまり排除の空間をつくるやり方もある、ということです（前に触れたように【五三〜五四頁】、こういうやり方が「安全のために」という名目ですすめられると、社会生活全体が窮屈になってゆきます）。よく利用していたベンチが取り除かれたら、「ヤダ！」と怒ることはできますが、この問題が厄介なのは、「ベンチを置く・置かない」という操作（場の設定）に当たることがらが、特定の人たちが集まりやすくする手段としても使える点にあります。バリッとしたスーツにネクタイ、靴もピカピカにみがいた一分の隙もないビジネスマンばかりが集まる所にTシャツにジーパンですわるのは、「場ちがいの所にいるな」と気が引けますね。ドレスコードと呼ばれる、その場にふさわしい服を着なければいけない規範は、制度として明文化されていないし、意図的につくられていなくても、それにそわない人間を排除するのです。同じファッションできめる（たとえばクラTのように）ことで、「一緒にいるんだ」と確かめ合えるはたらきは、そうやってバリアを張ることで、そこに入れない人が排除される可能性をつねに孕んでいます。人が引き寄せられる場を考えるときも、このことは忘れてならない点ではないでしょうか。

たがいに動けるように場をひらく

前節で述べたように、モノや出来事の配置や出現によって私たちが集まる「場」はいろいろに変身することがわかります。人がたがいに介入しあえることを必要とし、想定しているケアや教育の領域では、そうした「場」の変身作用は重要な役割を果たしています。実際、保育や教育、子どもたちの活動を支援する現場では、たがいのかかわりあいが活発になるような場の工夫がさまざまに行われていると思います。

そのことを承知のうえで、子ども同士にかぎらず、子どもと大人、大人同士の介入をしやすくする場についての検討、経験の蓄積と交流が、個々の活動領域を越え、よりいっそう広がってほしいと感じます。子どもたちが生活する場をかかわりやすくつくることは、現場の教育者、保育者の方が日頃から努力されている課題と思いますが、保護者同士がかかわりやすくするには、職員同士が……と考えると、課題の範囲がもっと広がってゆくでしょう。保育所でのお迎えの時間、せわしないスケジュールに気の急く保護者が、つい立ち止まって何か書き入れたくなるような掲示板があるとしたら、それはどんな掲示板でしょうか？　子どもも大人もさっさと通り過ぎることができず、口出ししたくなる、してもかまわない――そういうスポットが生活の場のあちこちに散りばめられていたら、人がともに生きるために必要な介入のハードルが低くなることはまちがいありません。

そんな、たがいにかかわりやすい場の創造は、ケアや教育の場が制度としてあるわけでない、学校や保育所等々から離れた領域でこそ必要になっています。社会的にひどく孤立した状態におかれている子どもたち。学校になじめず、学童保育にも行けない、さまざまな事情・理由から学校や地域社会から「外され」てしまい、放置されたままの少年少女たち。子どもだけでなく、同様の孤立状態にある家族――彼ら彼女らにとって「かかわりやすい場」はどこでどのようにつくられているでしょうか？　子どもの貧困率が一六・三％（二〇一二年）と報告され、貧困のために社会生活を送ることが困難な子どもたちが増えているいまの日本社会では、かかわりあえる場を発見すること、保障すること、創造することが、さし迫って重要な課題だと思います。言わずもがなのことですが、「悩みがあるなら、どうぞここに来て」と案内すれば、困難と孤立に苦しむ子どもがやって来るとは言えません。苦しい思いをしながら生きているその場所で、その苦しさや思いを外に出せる「場」が必要なのです。「あぁ、つらいなあ」とか、「どうして思うようにいかないのだろう」と感じることを、素直に表に出せる場が。

つらい思い（楽しい思いでもよいけれど）を吐き出せる恰好の道具に、その場を訪れた人が自由に書けるノートがありました。ゲームセンターや旅先の施設などに置いてあるノートがそうです。いまもあります。後から見た人が返答を書き入れることもでき、リレー式のつながりが生まれることもあるでしょう。ただ、それは、書きっ放しで、反応があっても応答しないとダメということはありません。ネットでの匿名の書き入れと似ていて、そこが気楽に書ける理由でもあります。自分の知らない人が読んでどう感じ、どう返答しようと、気にしないですむ。それはそれで、自分の気持ちを外に出すことのできる大切な回路だけれど、「かかわりあう」という介入の要素は薄くなります。そういう回路があることは、つらくても何も言えない状態よりはるかにマシだとは思います。それと同時に、「つらい、苦しい、どうして……」とたがいに自分の気持ちや主張をぶつけあえる場があれば、もっとラクになれるし、その場が居心地のよい場所になるのでは、とも思うのです。

話しかけられる相手がいながら、自分の気持ちを押し隠し抑えつけなければいけないシチュエーションはとても不幸です。その人にとって不幸なだけでなく、ある人の思いが抑えつけられることで、表面からは見えない苦しみ、悩み、不満がマグマのように社会の地下にたまってゆく点で、社会全体にとっても不幸なのです。たがいに苦しい事情、気持ちを隠し抑えつけあって成り立つ不幸な社会では、地下にたまったマグマが出口を求め、どこで噴出するかわからない状況がつくり出されます。出口のない自分の憤懣や悩みを安全に、他人から追及されずに、ぶつけられる犠牲者——自分より力が弱く、ものが言いにくく、誰かに助けを求めることも難しい——が選り出されることも。児童虐待、DV、パワハラ……とあげてゆくと、いまの日本社会が、まさしくそんな状況のまっただなかにあることがわかると思います。たがいに介入しあえることで居心地のよい場、環境が、子どもにとっても大人にとっても保障されていない、貧弱な、不幸な社会というほかありません。

そう考えると気分が沈みますが、気を取り直して、そこにいるとかかわりあいが豊かになるようなコンタクトゾーン（スポット）の条件について、もう少し考えてみましょう。

走っても転げ回っても寝そべっていてもよい公園を思い浮かべてください。子どもたちが好きなだけ自由に過ごせる公園のような場の特徴は何でしょうか？

来た人がそれぞれに動き回れるよう解放されている空間だ、という点ではないでしょうか。同じ公園でも遊び方がきびしく制限されていると、話はまったくちがいます。東日本大震災による原発事故のため、放射線被害を心配しなければならなかった保育園・幼稚園は、園庭に出ること、外で遊ぶことができませんでした。保育者も保護者もとても悩まれ苦しんでいると聞きます。子どもたちが自由に動き回れる場を奪われてしまったからです。身体の成長、健康面での心配だけでなく、子どもたちがたがいにかかわりあえるかけがえのない場としての園庭が、原発事故によって奪われたことも見逃せません。子どもが社会の一員として自由に動き回る権利を侵害されているといっても言いすぎではないでしょう。放射能汚染の心配はなくても、園庭がない保育園で公園での外遊びもなかなかさせてもらえない子どもたちが、狭い部屋で「動いちゃダメ」などと叱られる状況（放課後全児童事業として行われる学童保育の場で、同様の状況が生まれていることもつたえられます）も、同じではないでしょうか。

その場に居合わせた人、やって来た人が何かはたらきかける、動く余地があること。そんな余地を広げるようなしかけ（具体的な文化）があること。それがコンタクトゾーンの重要な特徴です。そこにいる誰もが入りやすいよう、その場が「開かれている」状態です。何に対して開かれているかといえば、そこにやって来た人が五感をはたらかせられる、いろいろに行動できるように開かれている。介入を促す、触発するような場で、そういう開かれ方が教育のうえで大きな意義を持つと指摘した研究もあります。たとえば、お祭りで踊っている輪があり、周りでうろうろしている人が、つい気をそそられ、見よう見まねで踊りはじめる。「気をそそられる」のが、そのお祭りの場の触発作用（人をそばに惹きつけるはたらき）で、「見よう見まね」で踊りを自然に「習得」（というほど大げさではないけれど）させるところが教育機能というわけです。「集合しろ」と号令をかけ、踊るように押しつけるよりもずっと効果的だというのです。開かれた場には、このように、参加したくなる、かかわりあうように振る舞ってしまう文化的機能が備わっていると言えそうです。

自分が拒絶されているような気になる場には行きにくいし、居にくい。誰だってそうです。逆に、声をかける、口を出す、自分のペースとやり方で動けるしくみや雰囲気がある場所なら、また行ってみようという気にもなるでしょう。そうした場は、わいわいがやがや騒がしいかもしれません。子どもたちが関心を持ち興奮して活発になる授業には、きっとそんな「開かれた場」の特徴が備わっているはずです。学校での授業について、「子どもがみな大変静かに聞いているのに感心しました」といった感想が述べられるとき、ほめられたと早とちりしないこと。ダンボの耳で集中している場合もあるだろうけれど、子どもの側から介入しようのない一方通行の「話し聞かせ」になっている場合があるからです。

やって来た人、居合わせた人が、それぞれ自分の動く余地を見つけられるよう場がつくられていること——そんな開かれた場の創造には、「設計してそうする」という範囲の工夫には収まらない要因がふくまれています。場を開く創造的ないとなみには、文化的なはたらきがこめられていると言ってもよいでしょう。もちろん、工夫することもそのなかに入っていますが、やって来た人がそこで動けると考えると、準備や工夫をはみ出すのが開かれた場にはつきものなのです。遊び方があらかじめ決められた空間は、子どもには窮屈です。何もない部屋で（空き地で……）、「好きなようにしてごらん」と言われたほうがずっと解放的になれる。何にも用意しないというのが、この場合の準備、設計のコンセプトで、その場が開かれるかどうかは、やって来た子どもたちがそこですること抜きには考えられません。つまり、子どもたちの「介入」もまた、場が開かれたものになるために欠かせない役割を果たしているのです。

「文化を創る」と言えば、少しイメージが湧くと思います。「あ、いい雰囲気だな」と何となく感じる背景には、その場を開かれたものにしている文化のはたらきがあります。「文化などと大げさな」と言わないでください。私たちが特に不思議と思わずに、そこで一緒になった人と談笑できる、つきあえるような場には、それを支えている文化が活きています。私たちが「場の雰囲気」を感じとってしまうのは、そんな文化の存在を感知しているからで、決して主観的な思いこみではありません。

9

ケア的かかわりの場に不可欠な民主主義

安心距離の民主主義

人がたがいに出会いやすく、「交流」しやすい開かれた場の存在は文化に支えられていると述べました。そうした場に居合わせた人たち、そこにあるモノすべてがつながりあって文化のにない手になっていると言うこともできるでしょう。ここで言う、文化のはたらきとは、人が誰でもその場でさまざまに「動く」余地をつくっているということです。「動く」という漠然と広い言葉を使うのは、文字どおりちょっと身体を動かせることから、その場を舞台にいろいろなパフォーマンスを繰り広げられることまで、すべてをイメージしてもらいたいからです。

一センチも身動きさせず話を聞かせるような場は、このモノサシに照らすなら、開かれた場の条件に合わず、失格です。教室や校庭でも、公園でも、もちろん、何でもできるわけではありません。それぞれの場の特徴や役割に応じて、これはダメというルールがあるのは当然です。肝心なのは、そこに集まる人たちが、その場をになう存在として「動ける」保障があるかどうかです。動ける内容にそれぞれちがいのあることは当たり前として。

その場に居合わせた人、誰でも「動く」余地があるということは、実は、とても難しく高度な条件です。「誰でも動ける」つまり、具体的なかたちはちがっても排除されたり差別されることなく平等にかかわりあえる、という点が「高度」なのです。

たとえば、社会生活上の困難や家庭の困難を抱えた子どもたちが集まれる居場所にそくして、誰でもそれぞれに「動ける」「かかわりあえる」との中身を考えてみましょう。一人でいても気楽、孤立しない、気のすすまないことを無理強いされない、話しかけてくれる、話しかけても無視されない、余計なことを聞かれたりしない……と、あげてゆくといろいろあります。そこに安心していられることを土台に、誰もが自分なりの仕方で振る舞う余地があること――これが、動

＊　交流という言葉のイメージは、何か積極的に振る舞っていないとダメな印象を与えますが、ここではもっとずっと広い意味で使っています。公園でのんびり寝そべっていられる、寝そべっても大丈夫な了解が、そこに集まる人々にはあり、大丈夫な場になっている、もちろんキャッチボールだってできる。そんな空間をイメージしてください。はたして教育、ケアの領域にそうした場がどれだけ保障されているかについても。

ける、かかわりあえるということの意味です。そうした余地を、ここでは安心距離と呼びたいと思います。「距離をとる」などと言うと、相手とのかかわりを避けるだけの印象を受けますが、そうではなく、自分も相手もたがいにはたらきかけられる、介入できるような余白をつくると考えてください。いくら恋愛相手だからといって、「俺のそばを離れてはいけない、ずっと俺だけを見ていろ」などと言われたら、息がつまってしまいますね。そう命令できる側だけが二人の関係の「余地」を独占してしまっているから、命令される側は息苦しい。どんなに近く濃いつながりでも、安心距離が欠けていると人は自由になれません。

ケア的なかかわりが活きる場、そういうケア関係が必ずふくまれる教育の場で、この安心距離が不可欠なことは言うまでもありません。子どもと教師のあいだで、あるいは子ども同士、大人同士でも、〈指示する－従う〉関係はあります。その場合、「こうしなさい」と動く範囲を決めるのは指示者ですから、たがいに指示しあえる余地（安心距離）はないように思えますが、そういう関係が成り立つ前提には、「たがいにかかわりあえる点で同等だ」という了解、安心距離の存在がなければなりません。「お前は俺の言うとおりにしていればいいんだ」という関係だけが独立しているのであれば、それは相手に対するむきだしの支配にすぎません。指示の内容がたとえ適切だろうと、ケアや教育のいとなみを破壊することにしかならないのです。

安心距離が持っている、たがいに動けるかかわりを保障するというはたらきは、民主主義と呼んでいいのではないか、むしろ、より積極的に、民主主義と呼ぶべきではないか――私はそう考えています。「民主主義なんて、ちょっと堅苦しい政治用語じゃないの」と引かれてしまうかもしれません。普段の暮らしで、おたがいのつきあいについて、「きちんと民主主義を守らなくてはダメでしょ」と言い合うようなことも、たぶん、ほとんどない。それに、「いまは民主主義の世の中とか言われるけど、多数決で決めて、みんなで決めたんだからと押しつける。こっちの気持ちなんか入る余地がない。学級の係を決めるのだって、そうやっていじめに使われることもある。自分の意思を反映させられる制度なんて嘘」といった反応も返ってきそうです。

さんざんな言われようですが、そんなふうにうさん臭く思われても仕方ない理由が、民主主義という言葉には、たしかにあると思います。その理由をくわしく述べることはできませんが、ごく簡単にまとめると、私たちが社会をつくるために必要で役に立つしくみだと教えられ、教科書にもそう書いてある民主主義が、実際に自分たちが社会生活を送るうえで役に立っていると実感できないし、活きているとも思えない。つまり、いまは民主主義の世の中、日本は民主主義国家と当たり前のように話されるけれど、「あるある」と言われるその「民主主義」というものが、現実に生きている場では、ない。選挙のときに一票を投じる人は、大げさに言えば、民主主義を実践しているわけですが、大きな政治の場に参加して、そこで自分が「動いている」というほどの感覚は持ちにくいのではないでしょうか。「自分が投票したからといって、それで世の中が変わるとも思えない」と感じる人たちが膨大にいて、過半数の有権者が投票に行かない選挙が当たり前になっています。民主主義という言葉が一番結びつきやすい行動である選挙投票さえそんなありさまですから、民主主義と言われてもピンとこないのは当然かもしれません。

たしかに、「あるある」と言われる民主主義は、現実の社会生活の場では、ほとんどと言ってよいくらいに、ない。少なくとも「これがそうだ」と実感できる機会がない。ゼロではないけれど、民主主義が活きていると言えないことは事実です。民主主義の反対語は、一応、独裁という言葉ですが、独裁的な力にものをいわすような関係なら、逆に、掃いて捨てるほど山のようにある。「それが現実というものだよ。民主主義なんて学校で習うだけの言葉を持ち出しても青臭いだけ、ものがわかってない子どもみたいなこと考えるな」等々、「大人」の発言が、民主主義という言葉そのものを、まるで役に立たない不要品みたいに扱うこともしばしばです。

しかし、「でもね」とここで立ち止まってください。事実として民主主義がないがしろにされている、だからいらないということにはならないはず。「ない」から「不要だ」という論理的なつながりは成り立ちません。「ないからこそ、いる、もっと充実させよう」という主張は十分に成り立つし、むしろこちらのほうがすじみちが通っています。「ないのだから不要」という主張は、「必要がないから現実にも存在しないほうがよい」という心情を、言外に表明しているのではないか。そう疑ってしまいます。

「民主主義と呼ぶようなかかわりあい方はそもそも不要だし、まちがっている」という主張を正面きって言われるのであれば、それはそれで一つの考え方ではあります。私はまったく賛成できませんが、そんな主張を匂わせる発言は政治家や企業のリーダーなどから聞こえてくることがあります。けれど、本心ではそういう主張を持っていても、あからさまに民主主義という考え方を否定する人はやはり少数に思えます。否定はしないが、「そんな硬い言葉で人間同士の実際の関係を良いとか悪いとか言えないよ」という感じ方はずっと多いのではないでしょうか。友だち同士でも、養育者と子どもの関係でも、普段の生活で民主主義のあるなしを問題にすることはまずないと言えます。たとえば、「夫婦は平等のはずでしょ。あなたも家事にきちんと責任持ってよ」と妻から追及された夫が、「うちの会社、めっちゃ忙しいのわかっているだろ。杓子定規に平等なんて、夫婦の関係で使うのはおかしいよ」と「反論」するときの、夫婦関係のかたちやルールと、社会全体に使う平等や民主主義といったルールとは別という感覚が、そこにははたらいているようです。

そうした感じ方が広くゆきわたっているからこそ、安心距離の民主主義という言葉をわざわざ使いたい。気のすすまないことを無理強いされない、話しかけてくれる、話しかけても無視されない等々、前にあげたかかわりあいの特徴を、たとえば人間味とか人情と言ってもよいのに、なぜ民主主義という言葉にこだわるのか？

その場に集まっている人のたまたまの配慮、人間的な気持ちの発揮というだけでは足りないからです。「こんどの担任の先生、子どもにやさしくてよかった」と喜ぶとき、その教師の人間性が評価される。それはそれでわかるけれど、そもそも子どもとのかかわりあいを人間同士の関係に不可欠な、たがいの尊厳の尊重にもとづいてすすめることは、どんな教師にも求められることです。たまたま性格がやさしいとか、子どもにきびしいといった教師それぞれの特徴に左右されない、左右されてはいけないことがらのはずです。

安心距離が保障される関係の実現は、そうした特徴を持つ社会を築くということです。社会を築く土台になる考え方（理念）が活きてはたらく必要がある。人間味（人間の情愛）だってそういう土台の力になれると言われれば、それをまるきり否定はしません。お腹を空かして泣いている赤ちゃんを放置するのは、たいていの人間には難しい。見て見ぬ振りはできない。でも、そうでない人もなかにはいます。「情愛を感じないのはおかしい、感じるべきだ」と主張はできるけれど、感じなければ、情愛にもとづくかかわりあいは成立しないのです。

情愛を感じても感じられなくても、飢えに苦しむ人をそのまま見過ごすのはおかしいと言える、そして「見過ごさない（介入する）ようかかわる」という指針（考え方）を自分たちの社会を築く土台にすることが必要だと思います。そういう指針を指して民主主義と呼びたいのです。

力に差がある人間同士が平等にかかわりあえるためには

安心距離を保障する民主主義は、もちろん、選挙で一票を投じるといった政治行動（参加）と同じではありません。ちがうけれども、同じ民主主義という言葉を使うことができる、そうしたほうがよい理由があります。安心距離の民主主義が保障されていない状態、「これは人と人の関係としてまちがっている、つらい、こんなのおかしい」とわかる、そのテコとして民主主義という言葉は威力を発揮するからです。独裁的な政治に対して、「それはおかしい、民主主義がない」と感じることができるのと同じように。

具体的な例をあげてみましょう。

「給食はいつも一人。担任教師が班ではなく好きな子同士で食べよとの方針だったからだ。机を誰かとくっつけられず、黒板をにらんで一人、黙々と給食を食べた。／ある日、私は担任に廊下に呼ばれ『なぜ皆と一緒に給食を食べないのか』と問われた。行き交う級友の好奇の目に耐えられず、うつむく私に担任は『もっと皆と仲良くしなさい』と告げた」（『朝日新聞』投書、二〇一〇年一一月一三日朝刊）

孤立させられている、一人でいても大丈夫ではなく苦しい、そのうえ、その孤立（排除された状態）を自分のせいにされ大人から追及される。この理不尽な状況をどう呼べばいいのでしょうか。安心距離が保障されていない、奪われていることははっきりしています。安心距離のそうした剥奪や欠如は、他者とともに生きることではじめて自分の存在が肯定できる（そこにいてよいと納得できる）人間の人間としての根本的なあり方を壊してしまいます。たとえ食事を与え、身体への暴力を加えるようなことがなくても、親が子どもを徹底して無視し声もかけないような振る舞いは児童虐待に当たります。

職場で上司の意にそわない職員に対し、声もかけず孤立させるようないじめもまた、虐待と同じ特徴を持っています。退職させたい労働者をリストラ部屋とか隔離部屋などと恐れられる一室に押しこめ、延々と社訓を書き写させるといった悪らつな追い出し工作も同様です。

大阪府の教育長が教育委員に対し、パワーハラスメントと言うしかない暴言を吐いた事件にも、孤立させるいじめとかたちはちがっても、民主主義が無視されるときどんな事態が起きるかがよく示されています。学級人数は少ないほうがよいと主張した教育委員に対する発言です。

「何を言ってるんですか。母親とか、理想的とか、教育委員なんだから、個人の意見を披露する場ではない。課長が用意した通りに言えば、いいんです。……中略……単なる、自己満足でしょ。知事は、色んなことを全てわかった上で、決断したんです。立川さんなんかが何か言っても何も変わりませんよ。……中略……すべて組織で動いているんです、同じチームでしょ。裏切るんですか？　共産党と一緒に、後ろから知事を刺しに行くようなもの、何のためにそんなことを言うのか」（「中原大阪府教育長発言・立川さおり教育委員メモ」。その後行われた調査で、おおむねこのメモにある発言があったことを周囲の職員が証言しています。中原教育長はこの事件を機に辞任しました。辞任したけれども、この発言を撤回したわけでも謝罪したわけでもありません）

「言われたとおりにすればよい、指示に従え」という主張は、つきつめれば、権力を持つ者、権威のある上位の人間に服従しろという要求です。教育長が平気でこのような発言をすること、それが許されてしまうことに驚かざるをえません。たがいの人間としての尊厳が認められるかかわりあいの場で、それぞれに自らの意思を表明できることは、とりわけ、養育・教育の場では徹底して尊重されるべきルールのはずです。「とりわけ」というのは、子どもと大人の関係が中心的な位置を占める養育・教育の場では、大人の側がとても簡単に権力、権威を振りかざすことができてしまうからです。しかも、相手はものがわかっていない子どもだからと、そうして当然のように錯覚さえしてしまう。性格や感じ方がちがうだけでなく、権力や資力、社会的地位などがちがい、「振るえる力の差」がはっきりとあるような場だからこそ、安心距離の民主主義が保障されなければ、「力」のない者は排除されてしまいます。「そうしてよいのだ」と教育長が「お手本」を示す事態は異常です。

このように、ここで述べる民主主義とは、不揃いの人間同士が水平につながる、かかわりあう社会形成のやり方、関係原則という特徴を持っています。そして、人間はみなそれぞれにちがっていて不揃いですから、民主主義という社会形成のやり方は、たがいが水平につながる（たがいの尊厳を認め合う平等な関係をつくる）ためには、いつでもどんな場でも――「私生活」の領域に数えられる、家庭のなかの夫婦関係、親子関係でも、友だち同士、恋人同士の関係でも――不可欠だということになります。

一人でいても気楽、孤立しない、話しかけてくれる、余計なことは聞かれない……といった、安心距離の関係を成り立たせる個々の中身は、「集会規則」のように統一されているわけではなく、矛盾するように映ることもあります。その場が安心距離を保障しているかどうか判断する「測定」にしても、どんな場でも測れる万能のモノサシがあるのではなく、それぞれの場にそくした経験や知見の積み重ねによって感じとられ、共有されてゆきます。そこで考えなければいけない、解決したい、支え合うべき……問題や課題が現れ、その課題にかかわってさまざまな背景、特徴を持つ不揃いの人々が集まる場の特徴はそれぞれちがうし、安心距離のかたちも、つくられ方も一律ではないからです。たとえば、「話しかけてくれる」と「余計なことを訊かれない」とでは反対の振る舞い方ですから、どちらが適切なのか、あらかじめ決めることはできません。その場にいる誰もが自分の考えを表明して議論をたたかわせるという民主主義のモデルが通用するとはかぎりません。

ただ、これだけは言えるでしょう。その場に不揃いの人間がともにいられる、その場でたがいに動き合えるためには、力を振るえる人間が上位におかれるような秩序、関係は有害だ、ということです。経済力をふくめた権力のあるなしによって、まるで人間の優劣が決まるかのように考え、扱う風潮が強い、いまの社会だからこそ、この点は特に強調したいと思います。

力のあるなしにかかわらず、たがいを人間として認め合う関係を実現するには、そもそも不揃いな人間同士が水平につながれるようにする「しくみ」、やり方が必要であり、そういうしくみ、やり方としての民主主義は、たがいを平等な位置におく点で、平等化するはたらきを持っていると言えます。でも、子どもと大人とではできることに差がある。大人同士でも子ども同士でも同じことが言えるし、平等だといくら言っても、そういうちがいがあるのはしょうがないのではないか——そんな疑問が生まれるかもしれません。いったい、「水平につながる」とはどういうことなのか。安心距離の民主主義を考えるうえで、この疑問はとても重要です。

政治の分野での民主主義について考えてみます。二〇歳になり、選挙権を得ると、政治についてくわしくても、まるで関心を持たなくても、一票を行使できる点ではまったく平等ですね。政党の政策をよく考えて投票する人も、極端な話、サイコロで投票を決める人がいても、一票の投票権を持っている点では同じです（CDを買うのと引き換えに投票権が得られる、AKB48の「総選挙」では、お金をたくさんかけられるファンほど投票権を集められます。どこがちがうか、よくイメージできるでしょう）。政治に対するスタンス、関心のちがい、知識のちがい……を無視して、みな平等に一票ずつを持つ。投票権という権利の点で平等の関係にあるのです（二〇歳未満の人や、年齢の条件をクリアしていても投票権を持てない人がいますから、厳密には「誰でも」というわけではありませんが、とりあえずその点は省略して述べています）。

こうした平等な投票権（普通選挙権）を求める運動がすすめられた時代には、「何も知らず、知ろうともしない人間に投票させて大丈夫なのか、それでいいのか」という反対が起こりました。反対したのは、主として、投票権もふくめ政治上の力を握り、政治を動かすことのできる人々、富裕層や権力者たちでしたから、自分たちが独占してきた政治力を、普通選挙権が奪ってしまうと恐れたのです。投票という政治的アクションについては誰でも平等という原則、民主主義のやり方が政治の世界を変える大きな威力を発揮したことがわかります。それぞれの人間にちがいはあっても、政治の場ではたがいに平等にかかわりあえるという民主主義の力がはたらいたということです。*

ただし、「何も知らず、知ろうともせず、適当に投票なんかしてよいのか」という疑問は、それとして受けとめ、考えるべき問題です。選挙権年齢を一八歳に引き下げる公職選挙法改正案が国会で承認され、二〇一六年度から実施される予定です。知識等々がちがっても平等にかかわりあえるという原則を考えれば、それはけっこうなことという結論が出てきそうです。でも、選挙権付与の対象になっている若者たちのあいだでは、反対の意見も多いと言われます。なぜ？ しばしば論評されるように、やっぱりいまの若者は政治に関心がないからでしょうか？

そうではないと思います。選挙権を得ることへの反対意見には、「政治についての知識も持たず、判断力もついていないのに投票するのはおかしい」というものがあります。一見、政治力を独占してきた人が普通選挙権に反対した理屈に見えますが、私は大ちがいだと受けとっています。高校生などが、「政治的知識や判断力を持たずに政治的アクションをするのは無責任だ」と主張するのは真面目で、責任感にあふれている証拠ですが、この主張だけだと、「だから判断力のある大人にだけ選挙権を与えればよい」という、不平等を正当化する議論に結びつけられてしまいます。実際、若者たちの反対論がそう解釈されて、「だから政治に関心がなくてダメなのだ」という上から目線の非難がぶつけられたりもします。

「知識や判断力がない」のはなぜか。誰だって、最初から政治的知識や判断力――その中身はいったん脇においておきます。知識があればいいと言えないし、「判断力」の中身もよく考えるべきです――を持っているはずがない。政治的アクションに必要な力がもしあるとすれば、そういう力を持っていない、持てないように育てられた自分たちに対して、社会は、大人は何をしてくれるのか。

知識や判断力が必要である以上、それらを獲得できるよう保障する責任が社会のほうにあるのではないか――若い世代の意見にひそむ核の部分は、この点ではないでしょうか。「選挙権をやるぞ」と言うのであれば、その権利を有効に、影響力を持って行使できるように、政治にかかわる知識や政治的アクションをつうじて社会に参加してゆける力を育て、機会を保障してくれなければ困る、ということです。私たちが無知だったり無力だったりするのは事実だけれど、それは私たちのせいではない、責任ではない。私たちをそういう状態においてきた（政治の場から遠ざけてきた、政治社会から排除してきた）社会の側が責任を持って、私たちが積極的に政治にかか

＊

もちろん、これは普通選挙権という限られた領域についてのことです。現実には政治的影響力のちがい、政治的アクションの不平等は大きく、民主主義が活きていると言えない状態は山のようにあります。「投票しても無意味だ」と感じる政治的無関心が増えるのは、政治の場での平等がそうやって壊されているところに原因があると言えそうです。企業が政党に大金を献金して、自分たちに有利な政策を実現させようとする。原発をつくり続けるために「原子力ムラ」と呼ばれる、強力な政治パワーを持ち、力ずくで反対を押さえつけられる巨大政治勢力が活動する。そういう実例を目の当たりにすれば、「民主主義と言われても、建前にすぎないな」と思うのは不思議ではありません。

われるよう取り組んでほしい。これが、「自分たちにはまだ力がない」という意見にひそんでいる問いかけなのだと思います。

ここに、不揃いな人間が水平につながる関係をどうつくるかという課題への重要なヒントが示されているように思います。どういうことか？

「自分には知識がない」「世の中をうまく渡れない」「他人と上手に折り合えない」「力が弱い」……そんなマイナス点をつけられてしまう位置におかれた者が、「だからお前はダメなのだ」と判定され、自分でもそう思ってしまうのではなく、「だから、そういう自分でもやってゆけるような社会にしてほしい」と求める。自分に足りないところがあるからこそ、その足りなさを社会に投げ返して、それぞれに欠陥のある人間同士が集まり、かかわりあえる社会にする――これが選挙権をめぐる議論から引き出せる大切な視点ではないでしょうか。「できない」からダメ、「無力」だからダメと宣告するのではなく、「できなさ」や「無力さ」を、社会がそれらを受けとめ、社会（かかわりあい）のかたちを変えてゆく出発点にすること。見えにくくつかみにくい困難や「無力さ」に、そうやって敏感に応答できるような社会のほうが、「弱さ」や「無力」に鈍感な社会よりもずっとすぐれている。すぐれているというのは、道徳的に高いだけでなく、たがいにバラバラにされる社会よりも全体として強靱であることもふくんでいます。

このように考えてくると、民主主義とは、「多数決で物事を決める」、「多数の意思が何かをあきらかにする」といった一般的イメージよりもずっと深く、豊かな内容を持っていることがわかります。社会生活のさまざまな場面で現れる困難、人が抱えてしまう「無力さ」や「欠如」を社会の側が受けとめ対処することで社会それ自体を豊かにしてゆく――個人と社会とのそんな応答関係をつくりだす（広げる）しくみ、かかわりあいの土台が民主主義なのだ、ということです。民主主義は、「弱さ」や「無力さ」を個人の責任に押しつけない（たとえば、「いちいちみんなで話し合っていたら何も決められない、時間のムダ」というような民主主義非難は、「できないのはお前たちの責任」という責任押しつけの典型です）。さらには、社会（かかわりあいの現実世界）の表面に出てきにくい困難や「弱さ」を探り当てるセンサーのはたらきも果たすべきであり、現に果たしています。子どもたちの様子をつかもうとして、「今日、○○ちゃんは一日中おとなしかったけど、何か悩みがあるのかな」といった想像をめぐらすとき、そこではたらいているのは民主主義のセンサーなのです。

おたがいの「力関係」にちがいがある、不揃いなだけでなく、簡単に上下の関係（支配と従属の関係）になりやすいケアや教育（子どもと大人のかかわりあい）の領域では、以上の意味での民主主義が大変に重要であることはあきらかです。ケア、養育、教育の中核である、子どもと大人の関係、ケアする者とされる者の関係は、自律的で「対等」な市民同士の関係――この場合の「対等」は、能力が同じという意味、自立しているという意味です――というモデル（自律的市民同士が対等にかかわるという近代社会のモデル）には、多くの場合、当てはまりません。それぞれの生きる現実、すること・できることに格差がある。あって当たり前の関係です。だからこそ、そうした格差を支配と従属の関係に導き固定化しないための民主主義、安心距離を保障する民主主義が、とりわけ重要な役割をになっていると言えます。

ケア的かかわりにそうした民主主義をつらぬくことは、人間的な社会をつくる推進力としての民主主義を深め豊かにしていくいとなみです。ケア的かかわりとは、支援を必要とする（自立していない）人間に対する「特別な配慮」ではありません。不揃いな人間同士がつくるあらゆる関係には、細々した「特別な配慮」が散りばめられています。それらのなかで特別目につく、社会的に注目されたり意識される配慮があるのは事実ですが、ケア的かかわりではたらく配慮が「特別」とは言えません。人間関係の場ではたらく配慮の網の目の一部であり、何を「特別」に感じさせるかは、その社会のあり方に左右されます。ケア的かかわりの場で発揮される配慮は、人がそれぞれに必要とする支援を感じとり、叶えてゆけるよう、社会のほうをつくり変える配慮・努力と深く結びついていて、切り離すことはできません。教育の領域にそくして言えば、「子どもの権利」がなぜ尊重されるべきなのか、ここから理解できるでしょう。大人とくらべ自立していない子どもだって社会の一員として認められ、一員であるよう扱われなければならない。そうできるよう社会を変えることが要求されているのです。子どもへの「特別な配慮」として権利を認めてあげるよ、というものではありません。

「それはちがう」と言い合える社会を

前節で考えてきたことからわかるように、ケア的かかわりに不可欠な安心距離の民主主義は、たがいに触れ合わないですむためのやり方ではありません。安心距離というと、たがいに接近しすぎないこと、なるべくかかわりあいにならないことを指していると思われそうですが、逆です。もっと近づき、触れ合う（コミットする）関係を想定しているからこそ、それでも安心できることが必要なのです。養育・教育のたくさんの場面、ケア的かかわりのどんな領域でも、普段の生活よりもずっと相手に「近づく」ことがあります。そうしなければケアが成り立たないのだから当然ですが、それは介入だということを確認しておきましょう。駅の階段で足元のおぼつかない高齢者に手を差しのべようとして、ちょっとためらう、「出すぎたまねじゃないかな」と思ったりするのは、その振る舞いが、普通の自分より一歩踏みこんだ介入と感じられているからです。ケア的かかわりの専門家が、相手の状況に「どこまで踏みこんでよいのか」と悩むことがあるのも、普通よりも深いコミットが想定される位置にあるからです。また、「放っておいてくれる」関係は介入と逆に見えますが、「見守る」ことについて述べたように、相手の状況に深くかかわるからこそ「放っておく」のです。そうした介入の土台なしに放っておくのは、放置であり無視でしかありません。

たがいによりいっそう近づいてゆくからこそ、近づいてゆくためにこそ、安心距離を保障する民主主義が必要であるし、活きるのだということ——この関係をしっかり頭におきたいと思います。この点が曖昧だと、人間関係に問題が起きるたびに、「なるべくかかわりあわないほうがよい」という教訓が引き出され、前に述べた「すれちがいの関係」を社会生活の全体に広げてゆきかねません。ケア的かかわりがどうしても必要とする介入と、そのかたちやあり方は、すれちがいの関係を基本にするような社会に対する抵抗、対抗の最前線にあると言えるでしょう。

こうして、安心距離の民主主義は、たがいにより深くかかわりあえる関係、社会を実現するために不可欠の「安心」を保障するものです。何を安心できるのかというと、そうやって近づき、かかわりあったからといって、敵意を向けられ攻撃を加えられたりしないこと。それは当然と思われるでしょうが、現実に人がかかわりあう場面では、「気にくわない」「嫌いだ」といった感情を持つことがあるし、「一緒にいたくない」「無視してやれ」と思うこともある。あらかじめぶつからずにすむよう「設計」されたすれちがいの関係でない以上、そうした軋轢、トラブルを避けることはできません。たがいに介入しあう関係には、そんな衝突の可能性が必ずあって、取り除くことはできないのです。家族関係や友だち同士の関係に深刻な葛藤、衝突が現れるのは、抜き差しならない介入があるからこそのことです。かかわりあうと余計な（おたがいになくてもよい）衝突が生まれそうなとき、そうならぬよう距離をおく（すれちがう）やり方が、一つの知恵として通用する場合は、もちろんあります。けれど、ケア的かかわりの中心がそうであるように、そうはいかない、相手が嫌だと言ってもコミットしなければならない場合がある。そんな場面でも「安心できる」とは、それぞれの気持ちはどうであれ、害意を持ち攻撃を加えることはしないという人間的かかわりの保障があることです。

人間的といっても、やさしくする、親切にするという意味ではありません。相手が気にくわないからといって、暴力を振るったり、「死ね」などと暴言を吐いたりはしない、人間として認め合う振る舞い方が、人が人とかかわる土台にないと困る、そういう安心感を人間的と述べているのです。DV、児童虐待が破壊するのは、この安心であることがわかるでしょう。「好きで好きでたまらない相手」に振られたとたん、殺してもかまわないと追いかけるストーカーになってしまう。そこにも、人間的かかわりの保障が失われたすがたがあります。「人間は感情の動物だから、そんなにうまく自分を抑えられない」という弁解がありますが、それはちがいます。社会のなかで、つまり人とのかかわりのなかで育つ感情は、かかわりあいのかたちによって暴力的にもなり、やさしくもなります。それだから、かかわりの安心を保障する民主主義が大切なのです。

このような安心の保障があるとき、人はかえって、相手に対し、自分が気にくわないこと、嫌だと思うことをはっきりと口にできることにもなります。「お前なんか嫌いだ」と安心して口に出せる。そう言っても、いきなり殴られたり危害を加えられることがないのだから。子どもが大人に突っかかる、友だち同士で悪口を言い合う関係が暴力的な衝突にならないのは、たがいの人間としての存在を認め合う民主主義が安心の土台をつくっているからです。それは万能の歯止めではないし、この土台を踏み外すことだってあるけれど、それでも、安心距離がまったく保障されないかかわりとはちがいます。悪口と暴言とのちがいも、この民主主義のあるなしと関係していることがわかるでしょう。たがいの「力関係」だけを取り出せばちがいがあることの多いケア的かかわりの場で、なぜ安心距離の民主主義が不可欠なのかも理解できるはずです。そして、ケア的かかわりの場だけでなく、人がたがいにかかわりあう（コミットする）あらゆる場で、「それはちがう」「自分はそう思わない」「嫌だ」「おかしいんじゃない」……と安心して言い合える民主主義が必要です。

たがいに相手の言うことに「それはちがう」などと気軽に応じられない関係は、いまの少年少女のあいだでは、当たり前のことになっています。相手を否定していないとわかってもらう繊細な配慮が求められ、相手の考えに同意できないとはっきり反対するなどとんでもない。意見をたたかわせる関係自体が表に出しにくくなっています。どうしてそうなるのか、もう推測がつくことと思います。安心距離の民主主義が十分保障されていない関係では、相手に「ちがう」と言ったとたん、相手の存在を否定し、敵意を持っているかのように受けとられるからです。相手に共感しているとわかってもらうためには、発言の中身に対するストレートな応答よりも、「そうだよね、わかるよ」と応じることがまず優先される、というわけです。*

「それはちがう」と言いづらい状況はたしかにあります。「私の言うことを聞いてくれないの」と神経を尖らせている相手に、「それ、全然まちがっていますよ」と単純に返答できないことはあるでしょう。あるいは、子育てについてお母さん同士の噂話に花が咲き、「〇〇さんのとこ、一〇時、一一時まで子どもが起きていて平気みたい、おかしいよね」などと言い合うとき。それぞれ事情があるだろうから、そう決めつけるわけにもゆかないのにと思いながら、「そうよね」と同意してしまう。ちがうのではと言いづらいのです。言いづらいけれど、感じていることを自由に出せないかかわりは窮屈で、自分のなかにストレスがたまります。自由に、思ったとおり、「それはちがう」と言い合える関係はどうやってつくれるのでしょうか。

授業中、質問に答えた子どもに対し、教師が、「ダメだな、そんなこともわからないのか」と切り捨てるような宣告を下したら、子どもは萎縮し、黙っているか、「わかりません」と答えておいたほうが安全だと感じるでしょう。そうならぬよう、「ちがうよ」とつたえながら、どこがまちがっていた、どこに問題があるのかを一緒に考えられるような方策が、教師の側に求められます。こうしたシチュエーションは、学校の教室だけでなく、ケア的かかわりの世界ではいたるところで生まれているはずです。相手により深く接近する（コミットする）ことが必要なかかわりである以上、それは避けられないことなのです。「うちの子はニンジンが嫌いなので、給食のニンジンは食べさせないで」と保護者に求められた保育者の立場は、相手の家庭生活にいやおうなく入りこまされています。好き嫌いはなくしてほしいと思いながら、相手の要求をどう受けと

＊　この点については、拙著『「問題」としての青少年』（大月書店、二〇一二年）で「共感動員」という言葉を使ってくわしく説明しています。

め、返答するでしょうか？

相手の主張、考えは、「ちがう、無理だ」と思う。思うけれど、そうやって話をしあえる関係が大事で、意見を言い、要求することは受けとめる。「だからあなたはダメだ」と決めつけたりはしない――これが出発点です。「私のことをダメな人間だと見下しているのではないか」と疑心暗鬼になっている状態であれば、なおさら、この出発点が重要なのはあきらかです。

おたがいを人間として認め合える安心がなければ、ムチャと思える主張が表に出ることもないでしょう。安心距離の民主主義は、抑えつけられた人の気持ちを解放するから、学校であれば、静まりかえっておとなしい教室ではなく、がやがやさわがしく無秩序な教室に見えるかもしれません。隠されていた問題も出てくる。それは当然で、だからといってたがいの安心を奪いとってしまえば、問題はなくなるのではなく、もう一度すっかり覆い隠されるだけです。

そのうえで、ニンジンの話に戻って、こんな返答の仕方もあるのでは。

「食事はみんな楽しく食べる貴重な時間、『全部食べるまで遊ばせない』と一人だけすわっていた小学校のせつない時間を考えると、むりやり食べさせるようなやり方はしません」。「どんな野菜でもおいしいと食べてもらえるよう、給食では努力しているんですけど、子どもさんそれぞれ好き嫌いはありますね。好き嫌いにはどこのご家庭でも苦労しているのでは。どんなふうにしているか、みなさんで話題にしてみてもいいですね」。

前段の返事は、子どもの立場に立ったとき、その人間としての尊厳を尊重するという表明です。

そのうえで、おいしく食べられる物を増やせるよう一緒に考えられる場をつくるという提案（示唆）が、後段の返答です。ある問題を抱えている、問題を持ち出す人が良いか悪いか、その人を評価するのではないということが納得される（安心が保障される）と、問題とそれを抱えていたり持ち出す人とを切り離すことができ、問題だけを取り上げ、それを一緒に考える場（かかわり方）が現れます。「誰が」ではなく、「問題は何か」に焦点を当てることで、私たちは「一緒に並んでいる」ことができるのです。子どもの「問題行動」に悩んでいる親に、「お母さん、育て方まちがえましたね」と言うのと、その「問題」がどんなことかだけを取り出し、何ができるかを一緒に考えるのとでは、相談する側される側の位置関係がちがいます。前者は問題を抱えた当事者に対面して「どうするの」と迫る関係、後者は、出された問題を前にして、二人が横に並んで考える関係です。

後者のように、「問題は何か」だけに焦点が当てられることの利点はあきらかです。たとえ、自分の「弱さ」や「欠陥」、「イタイ」すがたが出てしまっても、「だからあなたはダメ」と自己の存在が否定されることはない。それがわかれば、「欠陥」や「弱さ」を隠し絶対に弱みは見せずに過ごす窮屈なかかわり方は不要に感じられ、たがいの抱えている問題、困難は出しやすくなります。自分の性格が悩みの種と感じられるとき、友だち同士でその悩みを一緒にあれこれ話題にでき、言い合えるような場合、実は、問題を前に横に並んで考える、そうした位置関係が実現しているのです。

そうやって取り出された問題は、「個人的な悩みを抱えた当事者」と「その悩みを受けとめる相談者」という舞台（問題処理の枠）をはみ出しています。食べ物の好き嫌いが、ある家庭だけの問題ではなかったように、問題に焦点が当てられることで、それを前にして一緒に考える人たちの広がりが見えてくるかもしれません。その人の苦労や悩みである以上、その困難を減らせるよう具体的にかかわることが必要だけれど、そうできるためにも、同じように悩み苦しむ人たちが一緒に考えられるような場の広がりが大切です。大きく言えば、あるときある場所で誰かがぶつかる問題を、個人の問題、個人の責任と片付けずに、社会が受けとめられるようにする——そのすじみちが、問題を取り出すそうしたやり方に示されていると思います。

　ケア的かかわりの世界は、毎日の暮らしで私たちが他者と出会うさまざまなかかわりから隔てられているわけではありません。むしろ、人が誰かと出会うことのなかにふくまれる核心的な部分が、その困難、可能性ともども、凝縮して現れると言ってよいかもしれません。社会をつくるうえで不可欠なアートが、そこにはあると言うこともできそうです。人がうまく他者と出会うことが難しい現在の社会だからこそ、なおさら。これまで述べてきたことから、ケア的かかわりを、支援すべき問題を抱えた当事者へのかかわりと狭くとらえることの誤りも、あきらかでしょう。

　社会をつくる（人間同士のかかわりあいをつくる）という観点では、私たちはみな当事者、社会の当事者です。社会をつくる当事者としてたがいにかかわりあえるし、そうしなければならない。そこから誰も排除しない、誰もが人間としてかかわりあえるために欠かすことのできない土台が、ここで述べた民主主義です。「誰もが」と言うとき、目の前にいる他者、相手だけが対象でない点に注意してください。私たちが顔をつきあわせ話す、かかわりあうことによって、そこにはいない誰か、「無関係だ」と錯覚して考えようともしない誰かを無視し、排除しているかもしれません。民主主義がセンサーだと述べたのは、人と人とのかかわりあいを安心距離の民主主義という土台の上に築くことが、私たちの社会にひそんでいる沈黙の困難、黙って耐え忍ぶ苦しさを探り当てる努力につながっているからであり、またつなげる努力を必要としているからです。そうやって私たちは社会をつくる。無縁社会という言葉の出現は、現在の日本社会が社会として壊れつつあることを暗示しています。人間が人間でいられなくなる社会の出現を許してはいけないと、いま、強く感じます。そうならないために、そうさせないために、私たちのかかわりあいのなかで活き育つ民主主義の力を大きくしてゆかなければと思います。

あとがき

ここ数年のことですが、保育分野の集まりなどで、大人同士の関係をどう考え、どうつくってゆけばよいのか問われる機会が増えました。「最近の若い人が何を思っているのか、何も話してくれないのでわからない、困る」という嘆きは、二〇年以上前からずっと聞き続けており、とりたてて「新鮮」な話題ではありません。若者のほうも、「大人は（親は、先生は……）何にもわかってないなぁ」と思いながら黙っていることが多い。「世代間のギャップ」などと言われるすれちがいです。どうしてそうなるのか、それはそれで説明はつきますが、いまでは、「子ども・若者と大人」間のギャップどころか、人が集まる機会・場所どこでも、人間関係の葛藤や軋轢が広がっているように感じます。教育や保育など（介護、医療といった分野もそうですが）の仕事では、たがいに「相手にかかわる」ことがどうしても必要で、それぞれの仕事に応じた配慮が要求されます。子どもに対しても、大人同士のかかわりでも。人間関係の葛藤や軋轢が広がっているとすれば、こうした分野ではとりわけ、多くの困難、問題が生まれて不思議ではありません。一時期話題になった「モンスター・ペアレント」は、そうした問題が取りざたされた「走り」と言えるでしょう。

人がたがいにかかわりあうことの難しさが増したことの背景は、実は、はっきりしています。職場の人間関係がとげとげしくなり、希薄にもなっている最大の原因は、労働者を使い捨ての労働力として扱う傾向が強まったからです。しかも、一人ひとりを評価して処遇に差をつけるやり方が広まり、たがいの配慮や補い合いを余計なものとみなす感じ方も強まっています。意識的にでなくても、他の人を気遣う余裕がないのです。以前から多忙をきわめていた学校現場は、その典型と言えます。子どもを相手にできる仕事だから魅力的と思われる保育現場もきりきり舞いの現実です。さらにまた、人とかかわる仕事を「対人サービス」の商品だと単純化し、消費物資同様に考える風潮も生まれています。最近はやりの「おもてなし」という言葉にしても、人間同士のかかわり方に必要な配慮を考えるというより、付加価値をつけるサービス商品といったニュアンスが忍びこんでいるように感じられてなりません。「ぶっきらぼう」で「不作法」な人間は嫌われるよ、もっとサービス精神を持たなくちゃ……という具合に、プレッシャーをかけられる感じです。

仕事の場でとりわけ強く現れるそんな力、そこで生きるしんどさは、職場だけでなく、社会生活のあちこちに広がっています。もちろん、子どもと大人の関係にも、子ども同士の関係にも、生活の場での大人同士の関係にも。そしてそんなかかわりあいの場では、ゆとりのなさ等々から生じる葛藤、軋轢が、「より弱い者」への非難や攻撃につながってしまう事態も生じます。パワーハラスメント、セクシャル・ハラスメントの横行と言ってもよい現実がそれを示しています。

毎日普通に過ごすことが大変、「生きづらい」日本の社会です。

子どもは大人とくらべ「より弱い」存在ですから、本書で触れたように、攻撃を受けやすく、人間としての権利を守られにくい位置におかれています。子どもだけでなく、一般に、社会から特別な配慮を受ける位置におかれた者、その意味でケアされる者は、そういう位置にいることがもう、社会的に下位におかれ、よりきびしい評価、審判の眼にさらされる理由になってしまいます。「特別な配慮を当然のように感じる身勝手なやつ」と言われかねないのです。たがいに触れ合わない、「面倒をかけない」つながりが支配的な社会では、そんな視線が強まって不思議ではありません。政治家までが加わった生活保護受給者バッシングは、そうした酷薄な視線の強まりを感じさせる象徴的出来事でした。

現在の日本社会を覆っている、この熱病のような雰囲気、「弱さ」「無力さ」を当人の「無能力」や「努力不足」のせいにし、攻撃さえする傲慢な人間観・社会観は、人間らしい生活を実現するためにたがいの配慮を組織するケア的かかわりあいを危機に陥らせます。この意味でのケアの危機は、社会解体の危機にまっすぐつながっています。無縁社会という言葉が生まれ、誰が行方不明になっていても気にする暇もないこの社会は、もうその危機に半分以上足を突っこんでいるかもしれません。そう感じたことが、本書をまとめようと考えた動機です。筆者が多少のかかわりを持ってきた社会的引きこもり者支援の場や、貧困層の青少年支援、非行・逸脱問題に取り組む現場での知見など、いわゆる青少年支援にかかわる分野での困難を考えてみても、多くの子ども・若者が、社会から切り離され、「社会人」として生きる機会を奪われている状況は深刻です。そしてそういう現実は、一見問題なく普通に過ごしているように見える人たちの現実とつながっています。人がかかわりあう場面で生まれるケアの課題、考え方を、「社会をつくる・ひらく」という観点から広く検討しようと思ったのは、このためです。

本書で触れているトピックの多くは、保育現場、教育現場、あるいは青少年支援のさまざまな場などでの講演で、折にふれ取り上げてきたことがらです。いくつかのテーマについて短文を発表してきたことはありますが、ケア的かかわりあいの特質に焦点を当て、その特質を社会形成の視点からとらえる試みは本書が初めてです。「どんなやり方をすればうまくゆくか」という対人スキルばかりが強調されるケア関係の指南書とくらべ、なにやら遠回りのことばかり述べているように受けとられるかもしれませんが、むしろ、そう読んでいただければ本書のもくろみは成功だとひそかに考えています。たがいに人とかかわりあうスキルの根底にあるものは何か——そこに眼を向けてもらいたいからです。

本書は、若者支援、保育、教育の現場で、きびしい現実に向き合い、忙しい日々を送っておられる方々との交流なしでは成り立たなかったでしょう。いちいちお名前をあげることができませんが、人間的にかかわりあえる関係、社会の創造をめざし、目の前の課題に取り組んでおられる方々に感謝を捧げます。

最後に、本書の出版を促し、遅々としてすすまない執筆を辛抱強く待っていただいた、はるか書房、小倉修さんにお詫びとお礼を。本書があるのは、私が編集者なら疾うに堪忍袋の緒が切れて不思議でない遅延を耐え忍んでいただいたおかげです。

二〇一五年六月末

中西新太郎

著者紹介

中西新太郎（なかにし　しんたろう）

1948年生まれ。鹿児島大学教育学部勤務を経て、1990～2014年、横浜市立大学勤務。現在、横浜市立大学名誉教授。現代日本社会論・文化社会学専攻。

著書　『思春期の危機を生きる子どもたち』（はるか書房）、『ノンエリート青年の社会空間』（編著、大月書店）、『シャカイ系の想像力』（岩波書店）、『キーワードで読む現代日本社会』（共編著、旬報社）、『「問題」としての青少年』（大月書店）、他多数

人が人のなかで生きてゆくこと
――社会をひらく「ケア」の視点から

二〇一五年八月一〇日　第一版第一刷発行

著　者　中西新太郎
発行人　小倉　修
発行元　はるか書房
東京都千代田区三崎町二―一九―八　杉山ビル三F
TEL〇三―三二六四―六八九八
FAX〇三―三二六四―六九九二
発売元　星雲社
東京都文京区大塚三―二一―一〇
TEL〇三―三九四七―一〇二一
装幀者　丸小野共生
製　作　シナノ
定価はカバーに表示してあります
落丁・乱丁本はお取り替えいたします
ISBN978-4-434-20917-8　C0036